われわれは2018年8月、クリミアを訪問した。クリミア半島の中心都市のひとつ、ヤルタ市で行われた「ヤルタ市制180周年記念 国際音楽祭」にPANTAが出演することになったからだ。

ヤルタと言えば、第2次世界大戦後の世界分割を、チャーチル、ルーズベルト、スターリンの英米ソ首脳が協議した、「ヤルタ会談」が開かれた、あの場所である。

世界地図を開いてクリミアの場所を正確に言い当てる日本人はそう多くないだろう。同時に、クリミアに紛争地をイメージする人も少なくないだろう。聞くと見るとでは大違い、はよくあることだが、今回もそうだった。

　2014年2月、ウクライナで親ロシア派の大統領が倒され、欧米派の政権が成立した。ロシアは軍事介入を断行し、クリミア半島を併合する。

　もともとウクライナ東部やクリミア半島はロシア系住民の割合が高く、ロシアとの結び付きが強い地域だった。事実上の内戦状態に陥ったが、クリミア自治共和国では、ロシア軍が直接介入するなか、3月17日、住民投票の承認を経て、ウクライナからの独立を宣言し、ロシアへの編入条約を締結した。これに対して、米欧は対ロシア制裁を拡大し、G8からの事実上の追放措置をとった。

PANTA

1969年、日本ロックの黎明期、"頭脳警察"を結成。解散後、ソロ活動を経て、77年"PANTA＆HAL"を結成。81年解散し、ソロに。87年『クリスタルナハト』を発表。"頭脳警察"を90年に一年限定で復活し、10年を経て2001年から活動再開。03年2月、開戦直前のイラクを訪問、「イラク人間の鎖」に参加。07年8月、重信房子との往復書簡から生まれたアルバム『オリーブの樹の下で』発表。09年11月、ドキュメンタリー映画3部作『ドキュメンタリー 頭脳警察』（瀬々敬久監督）が公開される。17年1月、出演した映画『沈黙─サイレンス─』（マーティン・スコセッシ監督）が日本公開される。2019年9月"頭脳警察"結成50周年記念アルバム『乱破』をリリース。

椎野礼仁（レイニン）

佐渡・相川生まれ。中学校の世界史の教科書に自分と同じ名前の人物が出てきたことから、「ロシア革命」に興味を抱く。1968年、慶應義塾大学文学部に入学、学生運動にひっかかり、3年目に中退。73年、運動から離れて以降、いくつかの職業を遍歴して、98年、編集プロダクション椎野企画を設立。2002年に『連合赤軍事件を読む年表』を編集し、「連合赤軍の全体像を残す会」メンバーに参加。03年2月、開戦直前のイラクを訪問、そこで知り合ったPANTAと『PANTAとレイニンの反戦放浪記』を上梓。北朝鮮で暮らす「よど号ハイジャックグループ」のメンバーと親交が深く、著書『テレビに映る北朝鮮の98％は嘘である』がある。

木村三浩（サンコー）

東京都生まれ。1992年新右翼団体・一水会書記長に。バグダッドを訪問し、バース党との間に「反大国主義、民族自決」を原則とする議定書を交わし調印。以降、「対米自立」という観点を堅持しつつ、フランス、ドイツ、ロシア、リビア、シリア、マレーシアなど各国の民族主義政党・団体と交流し、民族派同士の国際連帯を構築している。2000年より一水会代表。02年ロシア自由民主党のジリノフスキー党首が主催する「世界右翼政党会議」に参加。フランス国民戦線などと共に、「愛国者インターナショナル」会議に参加。14年8月、クリミアを初訪問し、オレグ・ベラヴェンツェフ・クリミア連邦管区大統領全権代表ほか政府高官と会見。

末永 賢（スエナガ）

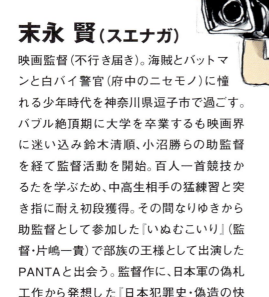

映画監督（不行き届き）。海賊とバットマンと白バイ警官（府中のニセモノ）に憧れる少年時代を神奈川県逗子市で過ごす。バブル絶頂期に大学を卒業するも映画界に迷い込み鈴木清順、小沼勝らの助監督を経て監督活動を開始。百人一首競技かるたを学ぶため、中高生相手の猛練習と突き指に耐え初段獲得。その間なりゆきから助監督として参加した『いぬむこいり』（監督・片嶋一貴）で部族の王様として出演したPANTAと出会う。監督作に、日本軍の偽札工作から発想した『日本犯罪史・偽造の快楽』、講談『河内山宗俊』を翻案した『チンピラ』、日活大部屋俳優の実録『人生とんぼ返り』（公開待機中）など。現在撮影中の頭脳警察50周年ドキュメンタリー映画『zk』（2020年夏公開予定）が監督最新作。

シミズヒトシ

この本の編集人。神奈川県生まれ。頭脳警察ファーストが発売中止になった1972年には吉田拓郎やボブ・ディランに夢中な中学1年生で、深夜放送から聴こえた頭脳警察の音楽に魅かれた憶えがない。PANTAがとんでもなく秀逸なソングライティングをするロックアーティストだと認識できたのは7年後で、後に歴史的名盤と称される『マラッカ』(PANTA & HAL)を聴いた日から。なのでファン歴は40年にすぎない。80年代にはファンクラブのスタッフとなり、会報編集に携わり、歌詞に出てくる新語・時事語の解説に尽力。『クリスタルナハト』発売時には「新譜ジャーナル」ライターとして取材に当たり、同時に「現代用語の基礎知識」編集に携わり、こちらの仕事では2017年まで編集長を務めた。

ヤルタ・クリミア探訪記
PANTAと仲間たち

Contents

17 クリミアへの切符

クリミアまで

19 クリミアは危険度レベル3

21 出発前、初ミーティング

23 案内人は一水会の木村

25 なぜPANTAを誘ったのか

27 車椅子のお世話に

31 ドモジェドヴォ空港

33 タクシードライバー

34 ジェットホテル

36 カテリーナ

38 ロシアに行くなら正露丸

40 クリミアにはガイドブックがない

43 スーパーへ買い出し

45 ジェットな朝食

46 テレビから長崎の平和式典

ヤルタ

49 Welcome to Crimea

53 ヤルタはでっかい熱海

57	メガリゾート
58	トマトのオンパレード
60	ユパ女史
61	モスクワのマックは笑わない
63	リヴァディア宮殿
64	ヤルタ会談
70	尺八とバイオリン
73	ショーが始まる
75	ヤルタのステージへ
78	ムーンライトなショー
82	7月のムスターファ
84	朝食バイキング
87	市庁舎で国際会議
90	クリミアの問題
93	木村が連れてきた鳩山由紀夫

ヤルタ音楽祭

102	ヤルタ音楽祭
104	革命、進化、退化
106	恋のバカンス
110	BACK IN THE FEDERATION
112	レーニン像

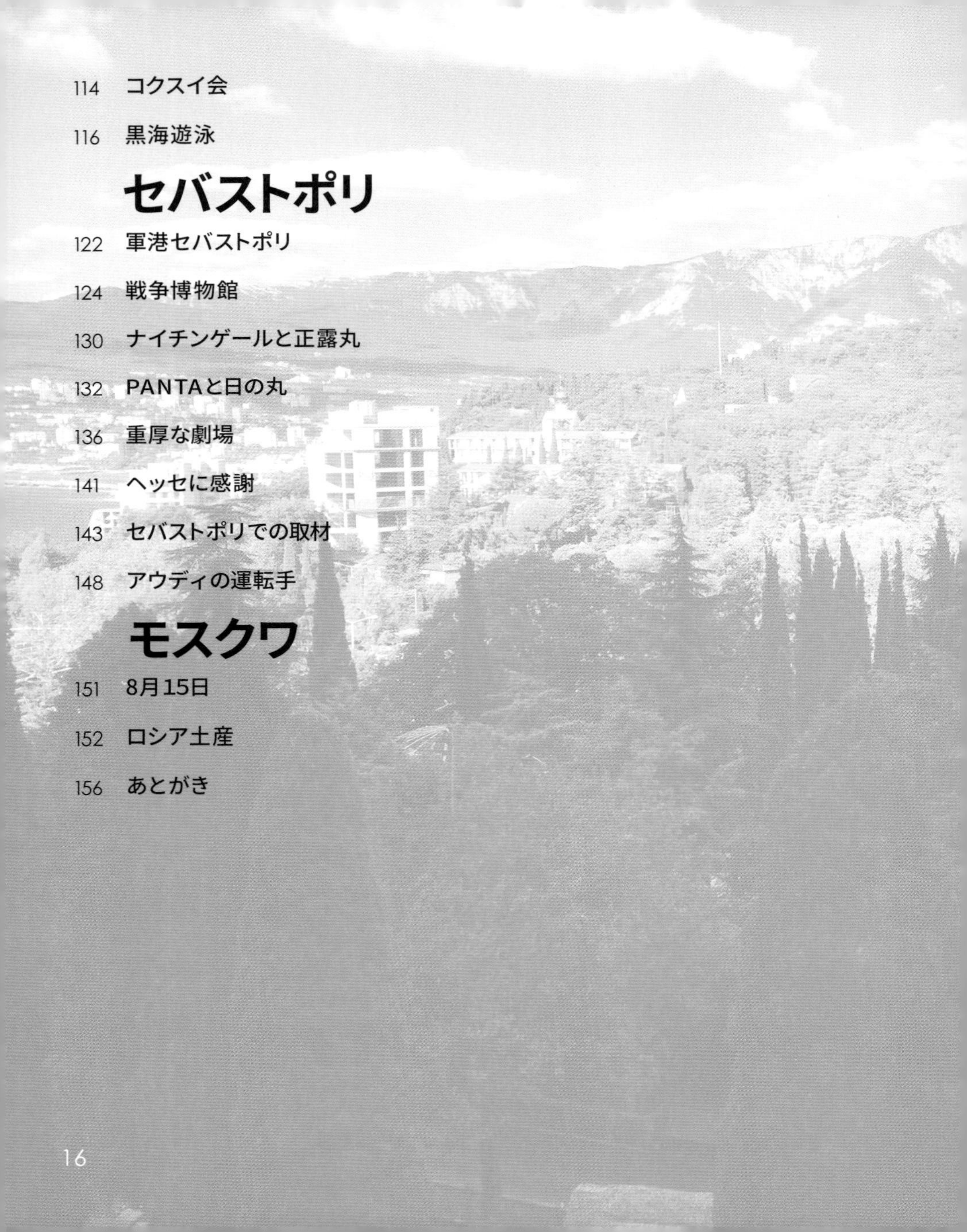

114 コクスイ会

116 黒海遊泳

セバストポリ

122 軍港セバストポリ

124 戦争博物館

130 ナイチンゲールと正露丸

132 PANTAと日の丸

136 重厚な劇場

141 ヘッセに感謝

143 セバストポリでの取材

148 アウディの運転手

モスクワ

151 8月15日

152 ロシア土産

156 あとがき

クリミアへの切符

　PANTAがヤルタの音楽祭に出演する！ それをきいてこのツアーの珍道中を何としても記録しておきたいと思い、あわてて僕は職場に夏休みの申請を出した。

　ヤルタ市制180周年記念の国際音楽祭、どんなイベントなのか想像もつかないけれど、40年前からPANTAの歌を聴いてきた僕としては全身の血が沸き上がる出来事だ。

　しかし、ヤルタのあるクリミア半島はたしか数年前から国際情勢的に厄介な場所になっていたはずだ。個人旅行者としては簡単に入れるのか。ビザが下りるのだろうか。

　まずは飛行機の切符を押さえようと駅前にあるけっこう大きな旅行代理店のカウンターを訪ねた。「クリミアまで、往復おねがいします」。カウンターの彼女は即座にキーボードをパンパンパンと叩き、「ウクライナのクリミアですね」と返してきた。あー、むずかしい旅行になりそうだなとそこで気がついた。

　彼女が言うには「まずロシアに入国して、それからウクライナのクリミアに」と。「いえいえ、ロシアなんです。クリミアはロシア！」そう言っても、彼女はPC画面に忠実で、その目線を崩さない。「クリミアはウクライナです」と手元の業務資料を参照しつつも譲らない。ここはあんまり意地を張って、ロシアかぶれのサヨク活動家と勘違いされたくないので、いったん引こう。モスクワ乗り換えで、クリミアのシンフェローポリまでの往復航空券を、と依頼を絞った。

　その後、代理店の彼女は親切にビザや宿泊先のことをあれこれ心配してくれたのだが、ビザ取得が面倒なことで有名なロシア大使館への手続きについては、木村三浩さんが瞬時に済ませてくれていた。一水会おそるべし。　〈ヒトシ〉

クリミアは危険度レベル3

「クリミアに行ってきました」
と、手土産を携えて、私が事務所の大家さんに話したら、
「また、そんな危ない所に！」
という答えが、瞬時に返された。
「ウン？」
一瞬、話が伝わらなかったのかと思った。

場所を間違えられたかな？

でも次の瞬間、思い直した。そうだ、日本人の一般的なイメージでは、クリミアは(位置を正確に知らないまでも)ロシア絡みで揉めている"あぶない"紛争地域なのだ。実際、外務省海外安全HPのクリミア半島のところは「レベル3＝渡航は止めてください。(渡航中止勧告)」となっている。ちなみにレベル3は4段階の厳しい方から2段階目で、一番厳しいのは「退避勧告」。シリア、イラク、アフガニスタンなどが指定されている。レベル3はウクライナの東部やフィリピンの一部が指定されている。

ウーン、聞くと見るとは大違いの例が、ここにもあった。実は私は、ピョンヤンに8回行っている。その折も「北朝鮮に行きます」というと「帰って来れるんですか？!」という反応が大概だ。8回行ったから、8回帰ってきてるんだけど……。

話はクリミアに戻る。詳しいことはこれから語るわけだが、いきなり結論から言えば、クリミアの印象は「暑くて明るい、開放的なリゾート地そのもの」だった。訪問時期が8月だったことが手伝ってか、膝上20センチのミニスカートや長い脚を惜しげもなくむき出しにしたホットパンツのロシア美人、腕や太ももの派

手なタトゥーをこれ見よがしにさらす若者たち、が街を闊歩している……。

　もちろん、数日間を過ごしただけの私たちに、どれほどのものが見えたかはわからない。わからないにしても、私たちが見た一次情報に嘘（うそ）・偽（いつわ）りはない。見ただけのものを見ただけに書いていこう。なんの予断や偏見もないし、主張やイデオロギーによってバイアスがかかったものではない。少なくとも、レイニンやPANTAはそう思っている。

　クリミアへは、行き帰りのモスクワ1泊ずつを含めて、2018年8月8日から16日まで、9日間の旅程。

　旅の目的は、PANTAのヤルタ市創立180年記念音楽祭への出演だ。日本は昨年（2018年）、明治維新150年とかでかまびすしかったが、その割にはあまり盛り上がらなかった。ヤルタは明治維新よりも30年も前に市になっていたわけだ。そ

の記念行事に「日本の伝統と現代」を標榜して、伝統＝尺八演奏家のき乃はち（バイオリンとのデュオ）、現代＝ロックミュージシャンとしてPANTA（頭脳警察）が乗り込むことになったのである。

　ところが、ヤルタ音楽祭の中身について具体的な話が来ない。サンコーさん（木村三浩の愛称）から「PANTAさんは出てくれるでしょうか」と打診があり、好奇心旺盛なPANTAにもちろん否やはなかったのだが、向こうの演奏環境について、全く情報が入らない。どんな場所で、音響設備はどうなっているのか。レイニン→ロシア大使館→先方政府と質問が投げられ、同じルートを戻ってくる。時間がかかるうえに、中間に介在するのが音楽の素人ばかり。ちゃんとした答えが返って来ない。PANTAを少しイライラさせてしまった。

〈レイニン〉

出発前、初ミーティング

いつも分刻みのツアースケジュールとかライヴの時間割りなど見慣れている自分にとって、あまりに大雑把な行程表に大丈夫なのかなという一抹の不安と、これでいいんだよ、どうせ何か起こるときは起こるし、この通りには行かないんだからという安堵感とが入り混じった不思議な感覚の打ち合わせになった。

なんといっても前田丈仁氏が入るまではちゃんと音楽の話しが出来る人間が誰もいなかったのだから。

前田丈仁さんは吉田拓郎のツアーにも参加していた音響技師で、尺八ミュージシャンのき乃はちの音響を20年近く担当している。

機材から向こうの状況、スタッフ、アンプ、PAセット、会場など、これで何とか話は通じる‥まではたどり着いた。

が、果たして日本語のままで乗り込んで、向こうの通訳はその場でうまく訳してくれるのだろうか。

客席に(歌詞の)訳を書いた紙でも配ったほうが良いのではないだろうか、自分にとって、ロシア語を話すにはあまりに壁が高いが、ひと言くらい歌詞に入れたほうが良いのではないだろうか。

さらには、"赤軍"という言葉を入れて良いものか、ウクライナの国名を出しても良いのか。

どんなセットリストにしようか、どんな歌を選んだらいいだろうか。サダム・フセインの息子、ムスターファのことを歌っていいのか‥‥。

まだまだクリアしなければならない課題は山積みの初ミーティングだった♪

〈PANTA〉

出発まであと18日、ようやく開かれたミーティング。左からサンコー、前田丈仁、PANTA、レイニン。右端はスエナガの代理で出席した映画プロデューサーの片嶋一貴。

案内人は一水会の木村

　今回の旅の仕掛け人は、新右翼「一水会」の木村三浩代表だ。サンコーさんこと木村三浩はなぜか、ロシアとは近しい関係にある。クリミアがロシアへの帰属を決めた4年前から、今回で10回目のクリミア入りである。これまでの渡航目的は「国際選挙管理人」である。クリミア政府が行う地方選挙に招請される。世界各国から100人余りが招かれ、各地の投票所などで、不正が行われていないか、監視するのが役割だ。今回様相を異にしているのは、表立った政治的な要件はなく、音楽祭に日本のアーティスト2組を連れて行くのが主要目的だった。

　帰国後、サンコーさんが一水会の機関紙レコンキスタに書いた訪問記には、以下のように記されている。「今回の人道・文化訪問団のテーマは『伝統と現代の調和』である。歴史と伝統が作り出した古典芸能と、現代のロックバンド。どちらも日本文化を体現する音楽だ。クリミアの人々に新たな日本文化の一面を知ってもらい、クリミアとの友好関係をさらに発展させ、日本のプレゼンスを高める……」。

　もちろんこのことが何がしかの木村自身のプレゼンスを高めることはあるだろうが、それについての何かの強要(政治的立場やコメントの規制)は何もなかった。あったら、痩せても枯れても、あの頭脳警察のPANTAだ、黙っていない。と、今書いて気づいたのだが、もうすぐアラセブ(アラウンドセブンティ)を迎えるPANTA、体重は若い頃の倍(まではいかないか?)、とても"痩せても枯れても"は似合わない。ここは"太っても枯れても"と言葉を訂正しておく。

　木村三浩は一水会創始者の鈴木邦男

からその代表を引き継いでから、組織の国際的な広がりを獲得するのに成功した。その最初が、イラク戦争前のフセイン政権との繋がりだ。

実はPANTAとレイニンには、以前に1冊、共著がある。『PANTAとレイニンの反戦放浪記』(2003年9月、彩流社)である。イラク戦争が始まったのが2003年3月。その1か月前に、木村が「一水会イラク訪問団」を組織した。これにPANTAとレイニンはそれぞれのルートから参加した。この二人が実際に知り合ったのは、このときが初めてだった。

日本から37名の訪問団を連れて行った木村は、すでにフセイン政権の与党「バース党」から信頼を得ていた。このとき、レイニンがサンコーさんの力を思い知ったのは、同行者の中に、当時「明治天皇の玄孫(やしゃご)」として売出し中だった竹田恒泰がいたことと、イラクに入ってからは、アゴ・足・枕(食事代・交通費・ホテル代)が全部イラク政府持ちになったことだった。男系のつながりを重んじる中東世界にあっては、明治天皇の血筋をイラク入りさせたことは、大きな力の誇示になったことだろう。それかあらぬか、サンコーと竹田に用意されたホテルは、イラクでも最高級のアル・ラシードホテル。入口に大きなブッシュの顔が織り込まれた絨毯が敷いてあり、みんなブッシュの顔を踏みつけないと出入りできないことで話題になったのを覚えている方もいるかもしれない。

それに比して、PANTAやレイニン、そしてやはり同行した鈴木邦男、故・塩見孝也、雨宮処凛など一般訪問団の宿泊はパレスチナホテル。このときと同じで、今回のクリミア訪問も、現地での後のアゴ・足・枕はクリミア政府のおごり。レイニンにとっては数少ない高級ホテル体験となった。

〈レイニン〉

なぜPANTAを誘ったのか

　私がクリミアを訪ねるのは11回目になる。最初に訪ねたのは2014年の8月で、その年の3月にウクライナでクーデターが起こり、それをめぐるNATOとロシアの綱引きの結果、ロシアはクリミアを編入していた。それ以降、クリミア議会選挙で監視員を務めたり、民族共生国際会議に出席している。

　今回はヤルタで開催されたヤルタ世界音楽祭に出演させるためにPANTAさんを連れて行った。

　PANTAさんは伝説的なミュージシャンだから前からよく知っていたが、出会いは15年前。いっしょにイラクに行った。2003年2月イラクに対してアメリカが武力攻撃を開始しようとするそのタイミングで私たちはテヘランに行ったのだが、攻撃は許せない、できれば阻止したいという気持ちだった。

　どちらかと言えば、PANTAさんは左翼、古くは学生運動の連中から支持を集めるロックシンガーだったが、私もファンだったのである。

　というのは、彼とは共感できることがいくつもあるからなのだ。

　たとえば「反戦」。

　武器ではなく音楽を通して、人間の本来の対話で分かり合えるんじゃないか。そんなPANTAさんのメッセージには強く共鳴する。彼が左翼なのかどうか、そんなことはどうでもいいことだ。

　PANTAさんこそインターナショナリストにして、ナショナリストだと私は思う。

　私は以前からずっとイラクと関わっていて、当時醸成されていた国際世論はおかしいと感じていた。イラクは嘘なんかついていない、むしろおかしな言いが

かりをつけているのはアメリカのほうだと発言していた。それでイラク訪問団を組織したのだ。その中には左翼の塩見孝也さんがいたり、レイニンさんがいたり、そこにPANTAさんもいた。

ミュージシャンのPANTAさんをみていると、彼は自分とか「個」よりもそれを超えた、世界の動き、世界に生まれる理不尽に対して抗議する姿勢を持っている。

たとえば、イスラエルに叩かれて大変な目に遭っているパレスチナのことを歌にして、いわば手を差しのべている。昔だとパレスチナをかばっているのは赤軍派の人たちが印象的だったが、時代が進むにつれてたくさんの層に浸透してきた。PANTAさんは音楽を通して貢献していると思う。

そもそも今の時代は、自分と異質なものを排除する人が多い。ネトウヨと言われる連中に限らないが、排除だけじゃなく攻撃まである。

ヘイトスピーチだ。寛容の精神がない。自分に自信がないのか、他人を排除することで自分を際立たせる。そういうのは本来あるべき自分の保ち方とは違うだろう。

アメリカにはたて突けなくて面と向かって独立を要求できないくせに、中国や韓国や国内にいる在日の人たちにうっ憤晴らしをしている。経済的な格差が進んで生活が行き詰まると、排外主義に向かう。これは本来の日本のあるべき姿とは違う。

日本の徳は「和」である。大和の和。排外主義は日本のナショナリズムとは相容れない。

インターナショナリストにして、ナショナリストであるPANTAさん。そんなPANTAさんにこそ、日本代表としてヤルタで歌ってほしいと思った次第である。

〈サンコー〉

車椅子のお世話に

　ずっと課題であった脊柱管狭窄症がいよいよひどくなり、ここぞとばかり車椅子のお世話になることにした。

　実はこのクリミア行きの前に、南アフリカで英国営放送と某世界的な動画会社が共同で配信映画を作ることになり、その映画出演のため南アフリカへ１か月行くことになっていたのだが、この状況でアフリカを走らされるのはちょっと辛いかなと思っているところへ英国の俳優さんがやることになり、ひと安心したところでのクリミア行きだったのだ。なぜ走ることになると決めつけたかというと、映画『沈黙』しかり『ナミヤ雑貨店の奇蹟』しかり、このところ出演する映画に全部、全力疾走を要求されていたからだｗ

　しかし車椅子の効力は絶大で、JALのサービスは恐縮してしまうほどで、CA様の対応は言うまでもなく、それはそれはありがたいものだったのだが、CAのひとりに関してはちょっと気になることがあり、今回はどのような用事で行かれるのですかと訊いてきたのだが、普通、乗客にそれは訊かないだろう、どこかの機関に所属の方ですかと思わず逆質問したくなったのはいうまでもないｗ

　モスクワからの帰路では、機内に最初に乗り込むなど初めての経験だったし、押してくれるブッチャーみたいな体格した猛者男に名前を聞くと、セルジュというので、（名前と容姿がまるで合ってねえよと）ひとりで受けまくっていたら、いままでずいぶんと車椅子を押してきたが、オレの自慢はあのサッカーの神様ペレを乗せて押したことがあると分厚い胸をさらに反らせたセルジュのドヤ顔はとても可愛らしかった。

〈PANTA〉

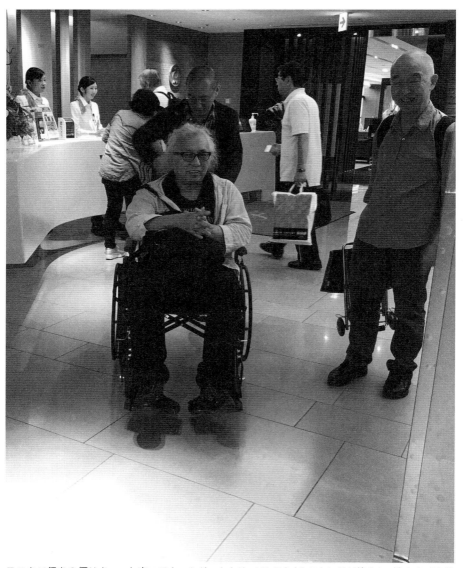

モスクワ行きの便はちょっと高いチケットだったため、JALのさくらラウンジが使えた。機内まで車椅子でご案内というサービスも、快適な旅のスタート、イン成田。

マネージャー役

じつは一つの心配事があった。それはPANTAの体調だった。

呼吸器系の疾患はもうだいぶ前からあって、激しい歌を歌った後などは息切れすることがあったが、今回はまた別の心配。脊柱管狭窄症である。

長い間歩いたり、立っていたりすると、腰から大腿骨にかけて突っ張ってきて、激しく痛む。

出かける前、PANTAのステージをずっと撮り続けているカメラマンのシギー吉田からアドバイスがあった。

えっ、あのPANTAが車椅子!?

衝撃を受けた人も多いだろう。

だがPANTA自身は「ありがと、そうするよ!」とあっさりしたもの。自分の症状が、あくまで腰に疲労が蓄積したときだけということもあるせいか、

"なにぃ、ロッカーが車椅子？ジョーダンじゃねーや"

などという突っ張りは全くない。
「レイニン、悪いけど手配しといてくれる？」

今回の旅では、わがまま放題のPANTAチーム（PANTA、レイニン、スエナガ、ヒトシ）と一水会（サンコー）との間に立って、さまざまな事務連絡、実務処理、例えば訪問メンバーの略歴紹介、ビザの申請書の書き方、PANTAの歌詞のロシア語訳の依頼、音響機材に関する問い合わせ等々、レイニンがマネージャー役をつとめていたから、車椅子の手配も「OK」と請け負ったものの、レイニンのほうが「ほんとにいいんだろうか？」という気分が働いてしまったことを告白しておく。

〈レイニン〉

モスクワの中心部から35km南方のドモジェドヴォ市にある国際空港。ここから鉄道(アエロエクスプレス)に45分乗るとロシアのターミナル駅であるパヴェレツキー駅。

ドモジェドヴォ空港

晴れてモスクワに着いた。

と言ってもモスクワの都心からずいぶんと離れたドモジェドヴォ空港、覚えるだけで精いっぱいのこの空港の名前もやっと言えるようになった。

しかしソ連時代の、アエロフロートから降りて愛想のない売店と銃を構えた警備兵の話を昔ずいぶんと聞かされていたこともあって、何の変哲もない平和な空港の風景にちょっと面食らってしまった。

と言いつつ、いや待て、ほんの7年前にこのドモジェドヴォ空港到着ターミナルでチェチェン独立派の自爆テロがあったばかりではないか、あの時も確かずいぶんと被害が出たように記憶しているが（注／2011年1月24日、ドモジェドヴォ空港で起きた自爆テロ事件で、37人が死亡、173人が負傷している）。

そんなことを思っていたら荷物を抱えて通りすがる連中の目つきがやたら気になってきた。

そして爆弾もそうだが、一発の銃弾と引き換えにされる人間ひとりが生きてきたひとつの人生を考えるとずいぶんとあっけないものだな、そう考えてしまう昨今、船戸与一や大藪春彦の世界の住人になるにはいくつ命があっても足らないわいと笑みさえ浮かべてしまうドモジェドヴォ空港到着の巻であった…♪

〈PANTA〉

31

ここでPANTA、レイニン、スエナガは空港近くのホテルに一泊し、翌朝の便でクリミアに向かうという予定。ヒトシは一人このまま国内便に乗り換えてシンフェローポリへ。

タクシードライバー

ロシアの初日はモスクワ宿泊。空港に着いたらそこから車が迎えに来ることになっていた。ところが、10分経っても20分経っても、来ない。しかたがない。ちょっと不安だったが、タクシーを使うことにした。

前田さんが事前に料金を確認する。「500ルーブルと言ってるので、だいじょうぶでしょう」

500ルーブルは800円くらいか。

乗り込んだら、ドライバーがイケメンなのには驚いた。スカウトして日本でタレントにしたいぐらい。20代後半くらい、明るくていいカンジ。レイニンは、今は死語かもしれないが、ハンサムという言葉を頭の辞書から引っ張り出した。なんで、こんないい若者がタクシーの運転手なんか(といったら失礼だが)やってるのだろう。

タクシーといっても白タクなのか、メーターがついてない。スマホをつないで、カーナビにしている。空港の中で拾えるから、違法ではないのだろうが……。さてはこのイケメン、小遣い稼ぎのアルバイトか。でも、平日の昼間だしなぁ……。致命的なことは、このイケメンドライバー、英語が全く通じない。

空港のゲートを出たタクシーは、すぐ幹線道路を離れ、舗装してない土埃の道にガタガタと乗り入れた。日本の公団団地のような中層の建物群を横目に、車はどんどん住宅地らしきところに入っていく。そして、タクシーが止まったのは、3階建ての普通の家の門前。木造だが、少し大きめの民家だ。住宅にしか見えない。

「これがホテルかよ……?」

いぶかって、PANTAも車を降りない。

〈レイニン〉

ジェットホテル

ドモジェドヴォ空港の入国審査。

観光ビザでないから入国目的が「sightseeingではまずいかしらん」などと議論するが、結局何も訊かれない。キャメラは申告不要だろうとの日航職員の言を聞きそのまま通関。乾燥した快晴が肌に心地よい。

モスクワに一泊してクリミアへは明日の飛行機でということになっていた。しかしいくら待てども迎えの車が現れず、タクシーに分乗。気の良い運転手だが英語がまるで通じないのが可笑しい。「カントリ?」と聞かれたので「ヤポン、ヤポンスキ」などと答える。あとは「ハラショ」とか「スパシバ」とか云っておく。

着いたのは「ジェットホテル」という名称だが、ペンションくらいの一軒家。各自適当に一部屋を割り当てる。

受付の嬢は家族経営の娘だろうか可愛らしく愛想もいいので、みな同程度の赤点英語力ながらそれぞれ何か口を出す。可笑しいのでキャメラを回し始める。

その間、沈黙を守っていたPANTA氏だったがスマホの翻訳機で「愛してます」と嬢をワガモノにする。さすがPANTA!

ホテルの近所に食堂の類いは一切なく、ホテルで家庭料理程度なら作れるということなので頼む。

近所の店まで飲み物の買い出しに出る。多摩の外れあたりにありそうな集合住宅の並ぶ、緑の多いところ。

小生の部屋を食堂替わりにする。赤カブのボルシチは冷めているものの美味。8時にと頼んだものの、料理が揃ったのは9時ごろ。けれど餃子風、焼うどん風、それぞれに美味しい。炒飯風は一部に不評だったが、他と比べたらの話で、まず悪くない。一同、一気にロシアに気を許し始める。

〈スエナガ〉

名称は「ホテル」というが、ペンションくらいの一軒家。民泊か。ネットの宿泊サイトに上がっている写真は部屋の内側だけだったので、イメージがまったく違ったのだ。

カテリーナ

　ジェットホテル。玄関に入ると、左側の小部屋で若い美形の女性が一人。金髪をほとんど少年のように刈り上げて、瞳はアーモンド形。眉が、目の形にそって炭で引いたかのように太く、大きい。ロシアの女性たちの眉の"くっきり、太い・大きい"率は高い。

　フロントにいるのに、彼女も英語がおぼつかない。名前はカテリーナと聞きだすのもやっと。チェックインにも手間がかかってしょうがない。

　ところがかわいいものだから、女好きの(たぶん)PANTAが、茶目っ気を出した。日本語を入れるとロシア語の音声が出る翻訳ソフトを立ち上げ「愛してる」と入れ、カテリーナに聞かせると……大爆笑！ つかみはOKだ。

　2階、3階のそれぞれの部屋に案内される。普通の家を客室に改装した様子がありあり。途中で現れた男性が英語がまぁまぁ使える。カテリーナとの会話の様子を見ていると、どうも兄と妹のよう。両親が残した家をホテルに改装し、兄妹で民泊を経営と見た！

　ポットが置いてあるから水を水道から出して飲んでみたが、臭気が強くてとても飲めない。風呂はもちろんシャワーのみ。壁掛けテレビは新しいのか画面も鮮明だった。チャンネル数は多かったが、NHKは入ってない。確かにバッグパッカー以外が来そうなホテルじゃない。

　窓から見回すと、白い壁、三角屋根にサンタクロースが入ってきそうな煙突を持った2階建てや3階建ての家が並ぶ。周りを林に取り囲まれていて、青い空にぽっかりと浮かぶ雲。まるで絵本そのもの。イラストレーターの矢吹申彦さんが描く風景で、色だけをつるつるの暖色に変えたイメージ。

〈レイニン〉

受付の彼女は可愛らしく愛想もいいのでたちまち人気者に。みんな同程度の赤点英語力ながらそれぞれ何か口を出す。彼女がジェット姉妹の姉、ということに。

ロシアに行くなら正露丸

　イラクに行くときに吉祥寺歯科の従兄弟から、これがあればいざ戦闘状態になっても泥水だって飲めるから絶対持っていくようにと言われたのが正露丸、昔は征露丸、いまはセイロガン。

　これを見せてこの丸薬の説明をする機会もなかったのが幸いなのか残念なのか、日ソ不可侵条約を破ってソ連が攻め込んできたことで、日本の対ソ感情はいたって良くないが、日露戦争もあったことだし、さぞかしロシアの対日感情も悪いだろうなと思うと、実はその逆で、ロシアから日本はものすごく好かれているらしい。

　水師営の会見でもないが、日本海海戦も旅順攻防戦も騎士道と武士道の戦いという解釈で、いたって好感情を持ってくれているらしい。またその流れで対中国感情はすこぶる良くない、中国人は騙すから嫌いだとはっきりいう輩もいるし、そりゃどこだって騙す奴はいるし、ちゃんとした奴だってどこにだっているので国別で決めつけることは出来ないだろうが、あくまでも感情論なのでそこは寛容に、そうなのかと黙って聞いていた。

　イラクに行っても「ヤーバン」というと、「ジャッキーシェン、ジャッキーシェン」と子供が叫ぶ、それは香港だというと、「ナカタ、ナカタ」とサッカーで来る、さすがナカタは鳴り響いているものだったが、果たしてロシアではいかがであろうか。なにせ言葉が通じず、文字も読めず、子供と接する機会もなかったので、面白い話も拾えなかったクリミアだが、思い切り「ザギトワ〜ッ」とでも叫べば良かったかなw　　　　　　　　〈PANTA〉

近所にレストランがないというので、不安ながらこの宿の家庭料理をいただく。8時にと頼んだものの、料理が揃ったのは9時ごろ。ただ味はよく、餃子風、焼うどん風、それぞれに美味しい。

クリミアにはガイドブックがない

　その頃僕はもうクリミアに着いていた。今回の遠征、ひとり僕は前乗りし、翌日のPANTAたちの到着を待ち伏せるという行程をとってみた。モスクワからLCCでクリミアへ飛び、シンフェローポリの街で一泊しながら、未知のクリミア半島をひと足先に味わいながら誰よりも先にSNSでリポートしてやろうという、そんな魂胆だったのだが、実際はそれどころでなかった。

　準備段階でこの旅の困難さは次々に露見してた。たとえば『地球の歩き方』にクリミアが載ってない。

　『地球の歩き方』は全部で120巻くらいあって世界各地をカバーしているガイドブックのシリーズだ。僕らの世代にとって昔っから大切な旅の友なのだ。ところが、ここにクリミアのページがない。ぶ厚い「ロシア」の巻にも、他のどの巻を探してもクリミア地域の解説がないのだ。外務省が勧めてないからって外したのかい？ 実用書の編集としてこれは手落ちじゃないの。訪ねる人がいる限りガイドしようよ。飛行機だって飛んでるんだ。仕方なく、図書館で4年前の『地球の歩き方』旧版を出してもらう。クリミアがウクライナだったころの編集だが、そこにはちゃんとありました、「ウクライナ」の章に「ヤルタ」のページが。ヤルタ以外の「クリミア」についてもページを割いている。いわゆるロシアによるクリミア併合が2014年、これを受けてのアメリカその他によって下された経済制裁。それがそのまんまこの本の改訂に影響を与えているのだ。PANTAに「地図にない国」という楽曲があるが、僕らが向かうクリミアは"ガイドブックにない国"ということになる。

　とはいっても、いまの時代、地図がな

シンフェローポリでの朝食(左)はホテルの宿泊に付いていたセット、宿泊代は日本円で税込7000円。昼食(右)は空港のカフェで319ルーブル(540円)。

くてもグーグルマップがある。ガイドブックがなくてもスマホがあれば何とかなりそうなものだ。WiFiが飛んでいれば何とかなってしまう。ところが、成田空港でレンタルWiFiを調達して行こうとしたところ、「クリミア地域は使えません」と、ここでも困難に直面する。

空港でもホテルの中でもWiFiが使えないというのが想定外だった。WiFi登録には現地の電話番号が必要で、そうなると外国人は簡単にWiFi登録ができない。

モスクワのドモジェドヴォ空港では全域ではないがフリーWiFiが飛んでいた。そうかこっちは国際空港じゃないんだ。だいたい利用客が少なくて閑散としてる。バス停もみつからず、ホテルまでどうやって行こう。出発前に木村さんは言ってた。「タクシーはやめた方がいい、ぼられるから」

途方に暮れかけたところで、拾う神が目の前に現れた。空港の案内カウンターから長身の美女が英語で言う。

「Where is your destination?」

「オー、サンキュー」

救われた。

宿泊先までのタクシー交渉を世話してもらったうえに、彼女の電話を借りてWiFi登録までしてもらえるという展開に。クリミアの女性はなんて親切なんだ！彼女の名前はリーヂャ。ひとことお礼を言おうと翌日空港まで行って名前をたしかめた。

けれど、空港以外でWiFiがないのはどうにもならず、街の散策は困難を極めた。ホテルから中心部まで路線バスに乗っても、バスの運転手は英語をまったく受け付けてくれない。わずか一日だがこのシンフェローポリ滞在は陸の孤島感いっぱい。モスクワに一泊してるみんなもさぞかし苦労してるだろうな。〈ヒトシ〉

スーパーへ買い出し

　ホテルの周囲は民家ばかり。レストランはあるかと聞くと、「うちで食べろ」と言う。ところがアルコールは置いてないという。歩いて15分の所にスーパーマーケットがあるというので、買い出しに行くことに衆議一決。未舗装の道を歩き出す。

　そういえば飛行場に停まっていた車がみな土埃だらけだったが、その理由がよく分かった。大きな団地の横を歩いたが、駐車場を作るという概念がないようで、路上駐車が激しい。汚れた車が多い。ボンネットに猫が体を丸めていたりして、のどかな雰囲気だ。

　わからなかったのは、道路標識。丸眼鏡のサングラスだけ描いてある。

　かと思うと、カメラが今まさにシャッターを切られたという☆のマークがついたもの……？

　中東やアジアなど異文化を感じさせる街もずいぶん歩いたが、道路標識の絵が理解できなかった覚えはない。どう解釈したらいいのか……。

　スーパーは広くて、品ぞろえや買い物風景は日本のスーパーと変わらない。でも（思わず「でも」と言ってしまったが）ここでも美人が多い。

　スエナガ部屋に全員の皿を運んでもらって、本場のロシア料理。数品頼んだが、これがうまかった。まさしく家庭料理の味。隣の家にお呼ばれしてるようだ。東南アジアで食事をすると、香菜の匂いがきつく、閉口することがあるが、ここは異文化の食事という感じがしない。特にうまかったのがボルシチ。赤カブの色が鮮やかで、ホワイトクリームもほの甘い。その他、餃子ふう、焼うどんふう、悪くない。

　シャワーを浴びて、長い一日を終えた。バタンキューである。　　〈レイニン〉

意味が読めなかった道路標識たち。丸眼鏡、このサングラスはなに？ カメラが今まさにシャッターは違反しても見られてるぞ！ という脅しかな。

ジェットな朝食

8月9日木曜、昨夜は9時過ぎに寝ているので目覚めたのは5時頃。斜光が外の緑を照らしている。

ロシアの国内便ではキャメラの蓄電池がX線で探知されると没収になると聞く。かつて撮影隊が何も撮れなくなったこともあるらしい。たしかに日航機でも機内持ち込み禁止になっているが、預かりにするより手持ちで入れといわれ、そうしていた。もはや各荷物に分散させて損害を最小限にするしかない。

蓄電池を分散させながら朝食を待つが、約束の9時になっても音沙汰がない。

昨夜大騒ぎして注文したものの、まぁこんなものでしょうと鷹揚に構えていると、9時半頃になって小生の部屋にまとめて運ばれて来る。朝食は各自の部屋でそれぞれ取るということになっていたが、まぁいいやと一同に声を掛けるが、注文しておいたおかずは来ず、トーストばかりが並んでる。昨夜PANTA氏がオーダーしておいたミートパイもトーストになって出てきた。

運び終わって一息ついているジェット「妹」に、昨夜お前のシスターに注文した料理はどうなってるんだと赤点英語を並べるが、てんで通じない。

終いには日本語で「ねえさんどこ行った、ねぇさん」と云うが「ネーサン?」と首を傾げるばかり。

そこに現れたシスターにメニューを見せて、どーでもいーからこの目玉焼きを焼いてくれと頼む。

これが通じたようだ。

妹、しばらくして三つ目の目玉焼きを誇らしげに運んで来る。「これは三人分か?」と聞くが、一人分だった。塩味が美味い。

〈スエナガ〉

テレビから長崎の平和式典

　モスクワのホテルの部屋には、それなりにちゃんとしたプロジェクターを備えたテレビがあり（韓国製だった）、何気に観ていると、何度も長崎の原爆式典の映像が流されてきた。

　8月6日の広島に続き、9日に原爆を落とされた長崎の平和式典の映像、正式には被爆73周年長崎原爆犠牲者慰霊平和祈念式典という。

　これをまさかモスクワで観るとは思わなかった。

　日本のニュース番組などと違い、B29（エノラゲイでもボックスカーでもないが）のリアルな映像も交えて、しっかりと報道されていたのには驚きと同時に、これが報道だよなとため息をついてしまった。

もっとも流れてる言葉がわからないので、言っている内容がわかったならまた違った見方になるのだろうが、翻訳機に活躍してもらえばよかったかな‥。

　広島も長崎も、その記憶を継承しようという流れがどんどん希薄になっている。子供たちに原爆のことを語ってもらおうとすると「政治的な映像は撮らないでください」という知り合いの事件もあったので、なおさらこの時代をしっかりと見つめていこうというこの国の姿勢に、日本から来たばかりの自分がちょっと恥ずかしさを感じさせられてしまったのも確かだ‥‥‥‥♪

〈PANTA〉

そのころSNSの上では、この日の式典に出席した安倍晋三首相の挨拶が、6日の広島市の平和祈念式典での挨拶とほぼ同じ、コピペだという指摘が話題になっていた。

Welcome to Crimea

　ドモジェドヴォ空港からシンフェローポリ行きの飛行機に乗り込む。ロシア国内で最大のシェアを有するＳ７航空のエアバスだ。それまでのツポレフに乗れるかなと思っていてちょっとがっかりもしたが、アマガエルのように鮮やかな黄緑色の機体がとても有機的でこれはこれで新鮮だった。

　休日だったせいか、家族連れも多く、ガキどものうるさいことこのうえなし、後ろのクソガキは背中を蹴ってくるし、前のババアは後ろも見ずに背もたれを思い切り倒してくるし、みんな自分のことしか考えていず、周りへの気遣いなど皆無だ。

　だが、これが妙に心地よく感じている自分がいたのに驚いた。いまの日本だったらすぐツイートされて炎上しそうな車内の傍若無人の乗客たち、少し前まで日本だってこんなだったじゃないか。ガサつきながらも人情にあふれていた時代も、いつからこんな風通しの悪い社会になったんだろう。

　そんなことを思いながら隣席の英語さえも話せない、これからケルチに帰るというダイバーのアンドリューと手真似をしながら会話、いや手話と絵でコミュニケーションをとっていると、次第にシンフェローポリへの着陸態勢に入り、ランディングするや否や、うるさかった子供たちから拍手と歓声が沸き上がり、そうか、こいつらも緊張してたんだ、かわいいじゃねえかと頭を撫でてしまいたくなった。

　と同時に、隣りのアンドリューが、
「Welcome to Crimea!」
　と大声をあげて握手を求めてきたのには驚いた…。さっきまで英語も話せなかったのは何だったんだって…w

〈PANTA〉

S7はシベリアエアラインズ(シベリア航空)の商標及び愛称名。ロシア国内線では最大のシェアを占めるという。けれど、予約ミスがあったり、預けた荷物が見つからなかったり、ヒヤヒヤさせられた。

50

預けたギターが紛失しかけたものの、なんとか到着したシンフェローポリで通訳のニコライと合流。予約のミスで前田さんはこの便に乗れず明日までモスクワ。き乃はちたちは不安を隠せない。

緑が生い茂る街道の先に海が見えてきたかと思うと、黒海に面したきれいな町。国道135号線を伊豆半島に向かって熱海に着いたときの感じを想像してほしい。

ヤルタはでっかい熱海

　シンフェローポリ空港から、VWヴァナゴンとプリウスに分乗して一路ヤルタへ…。

　一瞬、東側の象徴だった2サイクルのトラバントが走っているように見えたのだが、錯覚だったか？ラーダニーバが多く走る街道のトラック、ワンボックス、そしてトロリーバスの働く車がやたらカッコいい。

　坂を下るといきなり岩山の景観と黒海のきらめき、ヤルタはでっかい熱海のようだ。

　背後を山に迫られ、海際にへばりつく街並みはレイニンに言わせると「わが故郷の佐渡・相川に入るときの風景と同じだ」。町の至るところに市政180周年の横断幕。

　宿泊先であるインツーリストホテルで待っていたのは、木村三浩とヤルタ市環境文化担当のユパ嬢。

　ヤルタのビーチサイドテラスをレストランまで歩いて行く途中で、ひとりカラオケにいそしむ天使と遭遇、黒海のわきでカラオケを楽しむとは何という贅沢なシチュエーション。

　なにしろ歌っているのはフランス・ギャルばりの金髪の可愛いお嬢さん、見ている自分も幸せの極致にあるのは間違いなく、それは声をかけて日本でデビューさせたいと思ったのは人情。そう、アイドルは踊らなくていいんです、歌が聴きたいんだから、フォーメーションなどいらないんです、と言うのは古い考えですね。マドンナが、マイケル・ジャクソンが、聴く音楽から見る音楽に全部変えてしまいましたから、歌は口パク、踊りが大事な時代ですからね、これも時の流れです…♪

〈PANTA〉

ビーチサイドのテラスで夜の海をバックに歌うアイドル君。黒海に面したリゾートホテルはその広さと賑わいっぷりがまるで一つの街のようだ。

プライベートビーチ、動物園、野外ステージ、そして、飛び込み台のあるプール、スライダー、いわゆる流れるプール…。こんなにでっかいホテルは熱海にはないだろう。

ホテルの廊下に告知されていたポスター。「8月10日、野外ステージで日本から来た尺八の名人とロックの"PANTA"ショーがあります。20時から」

メガリゾート

僕らが泊まることになったのはクリミア政府が用意してくれたというリゾートホテルだ。ヤルタで1、2の規模という大きなホテルだ。高さは16階建てだが、棟がいくつもある。廊下はシックで、いかにも歴史の長さを感じさせて、荘重だ。なのにルームキーは、腕にゴムバンドのようなものをつけて、それで部屋の灯りまでつける。ロビーから棟への入り口、レストランなどもこれでOKだ。この手のシステムは、日本でも大江戸温泉グループなどで見られるが、レイニンさんなどは使い方に戸惑ってるみたいだ。

ホテルの長い廊下をぬけて、外へ出ると、レストランや小さな動物園や鳥の館があり、水流がしつらえてある道があり、それをまた行くと、右手に野外ステージが現れた。ここまですべて、ホテル内の施設である。歩く人々は一様にリラックスした表情で、水着にバスタオルを肩掛けしている人も多い。夏休みのせいか、客は多いし子供たちも走り回っている。

さっそく明日の演奏会場を視察に。明日の夜は、ホテルの野外ステージの演奏だ。これは出発直前に急きょ決まったものだが、ホテルの廊下やエレベータの中には、催し物としての告知ポスターが貼られている。"日本から伝統と現代のバンドが登場"と書いてあるのだろう。

舞台はオーケストラが出演できそうな広さだ。舞台を半円に取り巻いて、木のベンチが作られている。座りやすそうだ。200人は入るだろう。

今夜もブラスバンドの響きが湧き起っている。トランペット、トロンボーン、チューバ、それに打楽器。人々が集まり始めた。ホテル客用に毎晩音楽イベントが組まれているようだ。　　　　　〈ヒトシ〉

トマトのオンパレード

ホテルの中、いくつものレストランが並んでいたが、高級そうな1軒に案内される。

テーブルにトマトの輪切りが盛られた大皿が、デーンという感じで置かれる。箸をつける、じゃなかった、フォークをつけると、おいしい。皿に2、3切れトマトが残っていても、すぐに持ち去られ、新しいトマトの皿が出てくる。それが2、3回繰り返されたので、

「ニコライさん、もう、けっこうと言ってください」と通訳のニコライに頼むと、「いえ、さっきのは前菜で、今運んできたのがメインディッシュ、次はたぶんデザートのトマトです!」

げっ!?と思ったら、にやりと笑うニコライ。なんだ冗談か。なかなか面白い男だ。

空港で初めて会ったときの印象では、背が高く、メガネをかけた赤ら顔で、一瞬クマのプーさんを連想した。

ニコライはとても自然な日本語を話す。それもそのはず、幼少期に4年、日本で暮らし、「その折に日本が大好きになりました」。モスクワ大学で日本語を専攻し、再び来日。何度も訪日の経験がある。

このトマト攻勢に、PANTAが平気な顔でぱくついている。

「"バグダッドの誓い"を俺は忘れないぞ!」とレイニンと目が合ったPANTA。実は2003年のイラク訪問時まで、PANTAはトマトが大の苦手だった。「癪に障るぜトマトのオンパレード」と歌詞にまで入れている。それがなぜか、バグダッドで突然、食べると決意して、食べた証拠にレイニンに写真まで撮らせた。これは、"バグダッドの誓い"と呼ばれ、ファンの間では伝説になっている。

〈レイニン〉

ホテルのレストランで。会話の最中で口を拭った紙ナプキンをちょっとテーブルに置こうものなら、ウェイトレスがすぐに片づけに来る。サービス文化はなかなかのものだ。

ヤルタ市環境文化担当のユパさん。

ユパ女史

　夕食にはユパ女史も来てくれた。

　彼女は環境問題などを担当するヤルタ市の幹部とか。年齢はアラフィフはとうに過ぎてるだろう。落ち着いたたたづまいで、流ちょうな英語を話す。ロシア入国以来、これだけの英語を話す人には初めて会ったような気がする。もっとも当方とて、観光旅行の会話がかろうじてできる程度の英語力ではあり、彼女の英語力の測定は不能だが。

　彼女、「日本の歴史や美術についてリスペクトしていて、とりわけ庭園や建物に興味がある」とのこと。香港や韓国には何度か訪問しているらしいが、日本には来たことがないというので、PANTAがサンコーさんに、「ダメじゃない、招待しないと！」と言ったら、ユパ女史、「あなたの招待で行きたい」とPANTAに。おっ、日本でもモテ男のPANTAだが、女性向けフェロモンはロシアでも共通なのか？

　食事の会話は、硬軟取り混ぜて、活発に交わされた。

　硬で言うなら北方領土の話。ユパ女史は「ロシア人は、北方領土はロシアだと思っている人が多い」。

　食事の席ではあるし、サンコーさんもこの話題は深掘りしない。

　レイニンが8回ピョンヤンに行っていると聞いて、ユパ女史が「どんな所ですか」と質問してきた。

　「日本では北朝鮮は経済制裁にあえぐ貧しい国という印象が強いが、ことピョンヤンに関する限り、高層ビルは増え、携帯電話は行き渡り、ここ3年でタクシーが街中を走り回るようになった」と説明すると、目を丸くして驚いている。北朝鮮情報の伝わり方は、日本もロシアもあまり変わりがないようだ。

〈レイニン〉

モスクワのマックは笑わない

　ホテル専用ビーチサイド、黒海に面したレストランでの食事。この地で開かれた、チャーチル、スターリン、ルーズベルトのヤルタ会談、北方領土問題もすべてはあの会談に起因する。日本の敗戦の8月15日を前にして自分がここにいる因果を噛み締める。木村三浩や通訳のニコライらと議論に花が咲く。

　ふと、ヤルタ市環境文化担当のユパさんに軽口をたたいたら、軽く笑ってくれたので、ロシアに来て初めて笑顔を見たよと驚き、冗談半分で囃し立てると、ニコライから、

「ロシア人はアメリカ人みたいに意味のない笑顔は見せません、笑顔は心の通じた友人にだけ見せればいいんです」

　と言われ、これもツボにハマってしばし笑いが収まらなかったのだが、追い打ちをかけるように自分がニコライに、

「じゃ、モスクワにマック（マクドナルド）はないのかな？」

　とジャブをかますと、

「ありますよ、でもモスクワのマックは笑いませんよ」

　と真剣な顔で返され、この時がロシアにきて一番のドツボにハマった笑いだったかもしれない。

　その証拠に日本に帰りたいまでも思い出し笑いが絶えずにいる始末。泣いたってどうにもならないよというロシアのことわざにもあり映画のタイトルにもなっている「モスクワは涙を信じない」にかけて、「モスクワのマックは笑わない」という自分の在露の銘が生まれたのも嬉しい副産物だった。

〈PANTA〉

ロシア皇帝ニコライ2世の別荘として1911年に建造されたリヴァディア宮殿。これこそヤルタ会談の舞台になった場所だ。ちなみにニコライ2世は皇太子時代の1891年4月に訪日、5月11日大津事件に遭う。

リヴァディア宮殿

　このツアーで楽しみだったことの一つが、ヤルタ会談が開かれたその現場に行くことだった。それが実現した。リヴァディア宮殿という。ヤルタ市制180周年を祝う横断幕が随所にみられる道を小1時間ほど走る。

　リヴァディアは白亜の殿堂という感じにぴったりの瀟洒な建物だ。元々はロシア皇帝ニコライ2世の別荘。ニコライ2世とは、皇太子時代に大津で巡査・津田三蔵に切り付けられた大津事件の当事者と言えば、思い出す人もいるだろう。今、この人を主人公にした映画をめぐって、クリミアではちょっとした騒ぎになっていて、皇帝崇拝派の代表が、美人すぎる検事総長で有名になったポクロンスカヤさんだ。

　博物館として一般公開されているリヴァディアは大勢の観光客でにぎわっていた。強い日差しの中、ランニング姿の男も多い。

　木村様ご一行のお着きというので、ここの副館長が出迎えてくれる。打ち解けた様子だ。このサンコーさんの"顔"でレイニンが受けた恩恵が、スターリンとの面会（？）だ。

　リヴァディア宮殿には、ヤルタ会談の時の部屋や当時の書類、新聞、映像資料などがふんだんに保存されてある。その一つが、米英ソ3か国の代表団が会議をした円卓の部屋。その円卓で、チャーチル、ルーズベルト、スターリンが座った椅子には、等身大のフィギュアが鎮座ましましている。その円卓にはもちろん立ち入り禁止。

　ところがである、サンコーさんは案内の女性に軽く会釈をすると、さっさと中に入っていって、スターリンの椅子の横に座り、こっちへ来いとレイニンを手招きする。　　　　　　　〈レイニン〉

ヤルタ会談

　ヤルタ会談の行われたリヴァディア宮殿。知らなかった事実にも驚きながら日本の敗戦の8月15日を前にして自分がここにいる因果を噛み締める…。

　1945年2月4日から11日にかけて行われたヤルタ会談。多くは戦後ドイツ、ポーランドの扱い、そして国連の課題を米英ソで決めようと、フランスを敗戦国と侮蔑するスターリンに抗して、チャーチルはフランスを加え4国で対応することを要求。連合国としての戦後処理は大国の論理ではなくウィンストン・チャーチル、フランクリン・ルーズベルト、ヨシフ・スターリンのほぼ個人レベルの会談であったのに驚かされる。チャーチルは独裁者としてのスターリンを嫌い、ポーランド問題でスターリンと対立、あいだに立ちスターリンを信頼するルーズベルトとの関係が崩れていく。

　そんな中で残る対日戦でスターリンの協力が欲しいルーズベルトは、別室にてスターリンとの秘密会談に及ぶ、チャーチルは、私はその件に興味はないので、決まったことにサインするからと引いて、ルーズベルトにけしかけられたスターリンは、南樺太、千島列島、満州を引き換えに参戦を決定。

　ソ連の参戦をどうしても促したかったルーズベルトは悪化した体調を抱え無理をおして参加したため、2か月後に脳卒中で息を引き取る。が、ルーズベルトは会談の最後まで完成間近だった原爆の存在を明らかにせず、ソ連の8月9日の参戦に、ヒロシマ、ナガサキで釘を刺すことになる、そんなスターリン、ルーズベルトの秘密会談の部屋に通され、改めて歴史はささいな出来事で大きく変わっていってしまうものだと痛感する。

〈PANTA〉

ヤルタ会談の舞台になったリヴァディア宮殿、そのホワイトホール。重厚な会議場。

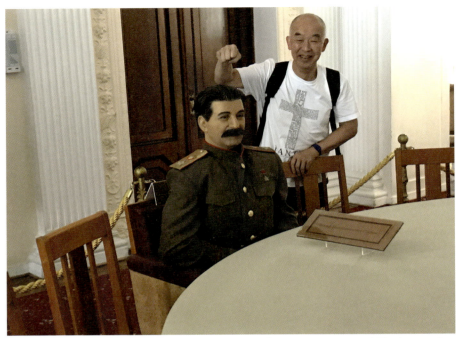

展示室に等身大のスターリン、チャーチル、ルーズベルトが座っている。レイニンは念願かなってスターリン像と写真に納まり上機嫌。

右:副館長さんの特別なはからいで会議場の奥まで立ち入りを許され、議長席に立つPANTA。左:リヴァディア宮殿のショップでレイニンが買ったお土産。

66

額に入れて飾られているスターリンとルーズベルトの写真。チャーチルはどこへ？ ちなみに戦後になってから「鉄のカーテン」という世界的な流行語を発信したのはウィンストン・チャーチルである。

68

リヴァディア宮殿中庭で記念撮影。左から、ユパさん、ヒトシ、レイニン、竹内純、き乃はち、PANTA、スエナガ、サンコー。

尺八とバイオリン

一水会のサンコーさんが送り込んだ「日本の伝統と現代」は、尺八のき乃はち(バイオリンとのデュオ)、とロックのPANTA。今夜から4日連続のライヴになる。

10日(ヤルタ)、インツーリスト・ホテルで30分ずつのライブ。

11日(ヤルタ)、ヨットハーバーに面した海浜公園の特設ステージで、市制180周年記念音楽祭。各1曲の演奏。

12日(ヤルタ)、音楽祭本番。各30分の演奏。

13日(セバストポリ)市の音楽ホールで各40分のライヴ。

PANTAは、日本のロック界では知らぬ者のないレジェンド頭脳警察として1969年にデビューし、まもなく50周年を迎える。レイニンはそのマネージャー役として同行したわけだが、もう一組のミュージシャンとの面識はなく、顔を合わせたのは成田空港が初めてだった。

それが尺八演奏家の「き乃はち」と、バイオリニスト竹内純だ。尺八奏者と聞いていたので、どんなジジイが来るかと思っていたら、目のクリクリっとした、茶髪のお兄さんだ。色が黒く、どこか不良少年を感じさせる風貌。年齢は47歳と聞いたが、そんな歳には見えない。

一方の竹内、眼鏡の奥の眼光が鋭く、この人もミュージシャンというよりは、苦悩する哲学者の風貌だ。

このデュオは2006年からロシアなどの海外公演を頻繁に行っている。一水会木村の仲介によるクリミア訪問は2度目になる。　　　　　　　〈レイニン〉

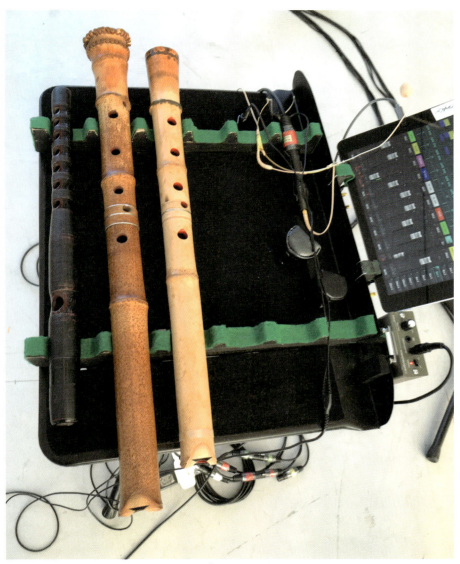

尺八は中近東からシルクロードを経て7世紀ごろ日本に伝来したといわれる。ルーツを考えるとクリミアからそう縁遠い楽器でないかもしれない。竹はデリケートで、き乃はちは熱や湿気に対して細心の注意を払っている。

広大なホテルの庭に野外ステージがある。しかし客席は埋まるのだろうか。どんなオーディエンスが集まるのだろう。PANTAや頭脳警察を知っている客はおそらく一人もいないだろう。

ショーが始まる

　ヤルタでの最初のライブは黒海に面したこのホテルの中庭にある野外ステージで行われた。

　4000人を収容するメガリゾートホテルは一つの街みたいに広くてデカい。夏の短かそうなこの大国のあちこちから海を求めて集まった富裕層のバカンス客ということなのだろうか。ここはアメリカのリゾートとそう変わらない風景なのだが、違うことは黒人客がほとんどいないこと。中国、朝鮮、アジア系も少ない。いやでも黄色人種であることを意識させられる。

　ホテル内のライブは市の音楽祭の前夜。明日のリハーサルのつもりで臨めばいいのかもしれないが、とてもじゃないが気楽な心持ちにはなれない。客席がぐんぐん白人客で埋まって行く。50年も演ってきただけあってPANTAは涼しい顔をしているが、傍にいながら僕はドキドキ騒ぐ胸を抑えきれずにいた。

　ショーは、まず、き乃はち組の演奏が数曲、そのあとでPANTAが数曲、そして最後に一曲、き乃はち組がPANTAのバックを務める、という段取りだった。

　木村さんが簡単なスピーチ。これから日本を代表する伝統音楽、そして現代のロックをお送りします、と言う。この大風呂敷というかおおざっぱな紹介に最初のうちは馴染めず、不安になったが、3日もすると慣れた。

　き乃はち(尺八)と竹内純(バイオリン)、海外演奏を何度もこなしているだけあって、そのパフォーマンスは完成されていた。異文化の場所に日本の伝統音楽を伝えるのは容易なことではない。彼らはシンセサイザーで作られたエキゾチックなオーケストラ音源を準備して、そこにライブで尺八とバイオリンの音が乗る。バ

ックには楽曲ごとにCGで作られたイメージ映像が流れ、空間の緊張を高める。わかりやすく日本の伝統音楽を伝えるためにおそらく何年か試行錯誤を経てきたのだろう。

PANTAファンとして、うわっ、これフェアじゃないだろー！と思ったのが正直なところだ。今回のPANTAは素手で挑んでいる。勝てっこない。アコースティックギター一本の弾き語りだ。カラオケも映像もないし、ヘアメイクもスタイリストもない。そんな衣装でそのまま歌っちゃうのかよって感じなのだ。

ここ数年、弾き語りライブも多くなったPANTAだが、そのスタイルはデフォルトではない。いろんなスタイルで歌ってもらってかまわないとは思うものの、長年のファンとしては、やっぱりPANTAの本来はバンドのボーカルだ。いやいや、力強いボーカルさえあればロックの魂は通じるのだと強弁する向きもあるかもしれないが、歌詞が通じない状況でそんな無茶をいえるだろうか。サウンドが大事。スタイルも大事。カッコ良くなきゃロックじゃない。私はそこを訴えたい。歌も楽器も衣装もメイクも込みでの表現なのである。

ところが、である。

PANTAが舞台へ。MCなしで始まる激しいギターストローク。うじうじとした不安、心配をたちまち吹き飛ばしてくれる。

「瓦斯」だ。海外公演一発目としては意外な選曲？いやそんなことはない。ギターサウンドだけで一気に空気を変えてしまう「瓦斯」はオープニングに打ってつけのナンバーである。「ガス」って和蘭語だから何となくわかるかもしれないしね。

少し緊張が解けた。

〈ヒトシ〉

ヤルタのステージへ

　さあ、いよいよクリミアでのライヴだ。前日からの下見、機材の打ち合わせなどすませ、まずは小手調べともいうべき、オファーされたホテルの野外ステージに挑む。

　通訳のニコライに楽曲の説明をするのにレイニンたちが詳しく歌詞の意味を伝えてくれて感謝。楽曲説明はこの日に限らず全部の公演の観客の耳に届けられたのであった。このニコライの解説がすばらしかったようで、特に「さようなら世界夫人よ」はロシアでも訳されていて有名だから（ロシアでは「地球にさよなら」と訳されているとか）とロシア語でしっかりと観客に説明してくれていた。一曲ずつそんなしっかりとした解説がつくものだから、それは拍手の勢いもすごく、終わってからも握手とサイン攻撃で結構大変なものだった。

　選曲は、黒海に隣接する場所であったこともあり、自分の中での海にかかわる歌を中心に組んでみた。海にかかわると言っても、どっちにしろ日本語で歌うわけで、どれだけ通じるかは、レイニンたちから説明を受けたニコライのロシア語での解説にかかっているのは確かで、おかげさまでずいぶんと真剣に耳を傾けてくれ、ちょっと胸を撫でおろした次第。

　ロシアに来る数日前にボブ・ディランがフジロックでほとんど身じろぎもせず、さほど有名でもない曲を歌い続けたこともあり、ディランを知らない若い客も多い中で、これがボブ・ディランかと聴いているいまの若い世代の気持ちを考えると心苦

しくもなってくるのだが、言葉が通じないとわかって歌っているディラン自身の心のなかはどうだっただろうか、もう慣れてるよといえばそれまでだが、いま自分は同じような境遇に立たされ、ロシア人たちのど真ん中で日本語で歌っている。

石川セリに書いた「ムーンライトサーファー」、杏里に書いた「白いヨット」。

そして、ロシア人も知っている歌を歌ってもらえないかというオファーで、用意させてもらった「恋のバカンス」、これはザ・ピーナッツが歌い、日本で大ヒットした歌だが、ロシアでも大ヒットし、いろんな人がカヴァーして歌っているというのは知らなかった。日本を出発する一週間前にシミズ君に教えてもらい、それならこれを歌わせてもらおうということになり、最後のサビのブレーク後に、ロシア人

の大好きなアッチェル？いわゆるリズムがだんだん早くなってくるアレンジを施し、歌ったところ、これがバカみたいに大ノリしてくれたのだ。

単純だなあと驚きながらも、絵にかいたようなコサックダンスのようなものこそなかったものの、こんな仕掛けで体をゆらし大騒ぎしてくれるロシア人がいと可愛く思えてしまったのはいうまでもない・・・？

この夜のセットリスト。
1. 瓦斯
2. ムーンライトサーファー
3. 白いヨット
4. 7月のムスターファ
5. 恋のバカンス
6. さようなら世界夫人よ

〈PANTA〉

ドベ……(皆さんこんばんは、PANTAです)、カタカナで手のひらに書いたロシア語。クリミアの聴衆に向かってステージから直接メッセージしたかった、そんなPANTAの気持ち、わかるよね。

ムーンライトなショー

　ホテルの野外音楽堂、登場するなり「瓦斯」で客席を集中させたパンタ、次の曲は…。おや、ギターのイントロがスウィート、これは紛れもなく「ムーンライトサーファー」じゃないか。HAL『マラッカ』の時期、石川セリへの提供でポップソングの作者としてPANTAの存在を広く知らしめた、記念すべき楽曲だ。そして畳みかけるように杏里へ提供した「白いヨット」。セルフカバー・ショーか、弾き語りのときにはありがちな流れではあるが、これでいいのかPANTA。あ、手拍子だ、観客はノってる。まんまと会場を占拠できたぞ！ だが、これでいいのかPANTA、渡航危険度3の地域へ連れてきた一水会の立場はどうなる？ 木村の想いはうっちゃっておくのか。

　と、ここで一息。MCが入る。「イラク戦争‥フセイン‥17歳のムスターファ‥」、来た。PANTAの説明を舞台の下手からニコライがロシア語で通訳する。会場の空気がぐっと引き締まる。「白いヨット」で手拍子していたバカンス中の老若男女が一斉に舞台の一点に引き寄せられる。「7月のムスターファ」が始まった。

　細かい歌詞はわかるはずもない。しかし客席の聴衆たちは何を感じていたのだろう。イラク戦争について、フセインについてどんな思いをもっていたのだろう。アメリカについて、追随するだけの日本について、どう考えているのだろう。それは訊けなかったけれど、ただそのとき、彼らはPANTAの歌に真っすぐに向き合っていた。

　日本から遠く離れたこの地でこの曲が歌われ、青い眼の聴衆が聴き入っていることに僕は猛烈に感動していた。
　「7月のムスターファ」のあとは一転して、

歌と1本のギターでヤルタのオーディエンスをみごとに掴んでしまうPANTAの力業に、仲間たちもひと安心。

カバー曲「恋のバカンス」。

　かつてロシアでも大ヒットしたらしいザ・ピーナッツの有名曲のメロディに、会場の観客たちはすぐに気がついて手拍子を始める。おお、みんな知ってるんだ！なかには声を出してハミングするひとも。

　宮川泰が作曲した日本の歌謡曲がヤルタで合唱されているその瞬間の気持ちよさ、あれこそ健康的な愛国心と呼べるものだったかもしれないね。

　そして締めの曲はき乃はちの尺八と竹内のバイオリンを迎えての「さようなら世界夫人よ」。ほとんどリハーサルなしのぶっつけだったのだが、これがすばらしい。PANTAの歌、尺八の音色とも合うじゃないか！

　ステージのあとで、通訳のニコライから「７月のムスターファ」について訊かれた。

「日本のロックミュージシャンは中東情勢やアメリカの帝国主義について歌にするようなことをしているのか」

「いえいえ、そんなことを歌にしてるミュージシャンはPANTAだけです」

　いや、いまでは他にもいろんなロック・ミュージシャンがいるだろう。正確には誰よりも早くそういうテーマを歌にのせたのがPANTAだったということだろう。PANTAの前には誰も存在しなかった。だから、70年代ニューミュージックの日本という国ではじつに異色の存在だった。

　そして2007年にリリースされた「７月のムスターファ」は、彼がロック界の単なるレジェンドじゃないことを証明した楽曲だったといえる。ま、この曲についての詳細は、レイニン氏の解説を読んでいただこう。

〈ヒトシ〉

「恋のバカンス」はロシアで人気歌手ニーナ・パンテレーエワによって1965年に大ヒット。ロシア人の中にはこの曲が日本の曲であることを知らない人もいるくらいの有名曲だという。

7月のムスターファ

　音楽祭でPANTAがこだわったのは曲目とその解説である。PANTAの楽曲は歌詞が重要だ。

　例えば「7月のムスターファ」。ムスターファとは、イラクの独裁者と言われたフセイン大統領の孫の名。2003年2月、イラク戦争が始まる1か月前に、PANTAはイラクのバグダッドを訪れた。この時も、フセインの支持母体であるバース党と関係の深かった木村三浩（サンコーさん）が組織した訪問団に参加した。7日間、フセイン政権下のバグダッドに滞在し、戦争反対国際集会に参加し、各国の人々とのデモ、病院、爆撃の跡、学校などを見て回った。

　我々が帰国するや否や、戦争が始まり、敗れたフセインとそのファミリーは身を隠す。長男と次男は、イラク北部の都市モスルに潜伏していたが、密告されたのかアメリカ軍200人に包囲され、銃撃戦の果てに殺される。この現場にいて、父の死後も最後まで戦ったのがムスターファ。14歳だった。

　撃ち殺され、アメリカ兵士に頭を踏みつけられたムスターファの写真が残された。それをサンコーさんが日本に持ち込み、あるイベントで披露した。それがPANTAを刺激した。

　命乞いしたっていい、泣いて謝ったっていい14歳の少年が、叔父の死骸から銃を取り、弾が尽きるまでアメリカ軍と戦った。どっちがいい悪いじゃない。最後まで戦った少年に魂を揺さぶられた。そして作ったのが「7月のムスターファ」だ。

　いつ聞いても、魂が揺さぶられる。

〈レイニン〉

写真上はフセインと二人の息子。下は孫のムスターファを抱くサダム・フセイン。2003年7月、イラク駐留米軍がイラクのムスクを急襲し元大統領サダム・フセインに悪名高き二人の息子、ウダイとクサイをミサイル弾などによる攻撃で殺傷。生き残った14歳のムスターファは、一人で250人の米兵を相手に戦い尽くす。日本ではほとんど報道されなかったが、米ニューズウィーク誌は、「ムスターファは20世紀でもっとも英雄的な子供の一人である」とした。

朝食バイキング

　最初のライブから一夜明けた8月11日。今日は市議会の偉い方々と同席する行事がスケジューリングされているが、朝は少しのんびりしたい。それにしてもヤルタインターツーリストホテルの朝食バイキング、ホントにこんなデカい朝食会場は初めて見た大食堂。

　皿をもって餌に群がる光景はどこも一緒だが、それにしてもキレイなウェイトレスばかり、食事を終えたところから食器とテーブルを片付けていくのだが、セルフで客にやらせればもっと人は減らせるのに‥と思ったところで、すでに資本主義経済に毒されている自分に気づいてちょっと恥ずかしくもなる。

　そうだよ、こうやって従業員を働かせることで雇用を生んでいるんだよ、急激に進む自動化も、果たして進歩なのだろうかとちょっと立ち止まって考えてしまう朝食のひととき。

　そしてBGMは朝から『エマニエル夫人』のテーマソングが会場に流れ、どう考えても朝食のBGMじゃないだろと突っ込みたくなるヤルタな朝だった。

〈PANTA〉

街角でニャンコ発見。市制180周年の喧騒を避けるようにのんびり過ごしている彼をみると、ここもどこかと同じ、世界の片すみであることに気づかされる。

市庁舎で国際会議

　この地での"木村三浩"は下へも置かぬ遇され方だ。各所でトップクラスとの会合がセットされている。

　この日は、ヤルタ市制180周年を祝うロシア各地からの代表団の会議。PANTAを含む我々にもネクタイ・上着着用のドレスコードが言い渡されていた。

　会議場に入って驚いた。我々の名前までキリル文字で書かれたネームプレートが置かれたテーブル。30人以上が席についていて、厳粛な雰囲気。ドレスコードのワケがわかった。ヤルタ市長や、祝賀に駆け付けた各共和国の代表がスピーチしたようだが、なんと言ってるのかさっぱり分からない。何人目かで「日本から来た一水会の木村三浩氏に挨拶を」と司会が言った。IssuikaiとKimura Mitsuhiroが聞き取れたから、多分そういうことだろう。

　こういう所で物おじしないのが、サンコーのサンコーたる所以だ。いきなり英語でしゃべり始めた。かなりブロークンな英語だが、堂々と声を張り上げる姿は自信に満ち溢れていて、堂に入っている。堂々としているのは態度だけではなかった。お定まりの感謝の挨拶のあと、いきなり核心に触れた演説になった。

「領土については地元の人々の意向に従うべきだ。だから私はクリミアのロシア帰属に賛成する。EUやアメリカ、そして我が国が行っている経済制裁には断固反対する！日本では実情が伝えられていないので、こういう交流を通じて、クリミアの姿を知らしめたい」

　会議場が拍手に包まれたのは言うまでもない。　　　　　　　　〈レイニン〉

ヤルタ市制180周年を祝うため各地の代表が集まる会議場。自分たちの名前がロシア語で書かれたネームプレートがテーブルに置かれていたのには少しビビった。

会議終了後の記念撮影。PANTAの右隣りがヤルタ市議会の議長。

89

クリミアの問題

市制180周年を祝う音楽祭に合わせて、市庁舎で開かれた歓迎の会議にみんなで出席した。ヤルタ市議会の議長が前に座り、周辺諸国の代表がつく大きなテーブルに、PANTAさんはじめ、き乃はち、竹内純、レイニン、シミズも着席し、ドキュメンタリー班のスエナガもカメラを回してる。レイニンさん、シミズさんは無理やりネクタイを巻いたようだが、どう見ても似合ってない。

代表して私はヤルタ市制180周年をお祝いするスピーチをしたのだが、この本でもクリミア半島の問題を簡単に説明しておきたい。

クリミアの人びとは2014年にロシアに戻ることを選択した。ところがそれが国際的に認められていない。住民投票の結果が尊重されていないゆえに、人びとは海外渡航が禁じられてしまった。ロシアには行けるけれど、日本には来られない。

彼らを孤立させてしまっていいのかという気持ちから私は連帯のために活動をしている。今度の音楽祭も人道交流の場として絶好の機会と考えたのだ。

クリミアの問題は南オセチア、アブハジヤの問題と構図が同じである。南オセチアもアブハジヤもいまだに未承認国家だ。この状態が非合理だし危険である。経済制裁が外務省の判定する「渡航危険度」も同様だ。

ウクライナの人たちがロシアから独立することも尊重しなきゃいけない。もちろんヤヌコビッチを追い出してのクーデターは正しいかどうかは検証しなきゃいけない。

「経済制裁」ってものは戦争である。武器を交えないだけで戦争と同じ状態な

のである。モノが入らないから人びとの生活は困窮する。

そして渡航の自由まで制限されている。ビザが下りない。政治家だけじゃなくて一般市民も渡航できない。空手の世界選手権で選手たちが渡航に出れないのもおかしい。

イラク戦争（2003年）のときも同じだった。事前にまわりから経済制裁で追いつめた挙句にああいう事態になった。リビアもそうだし、いまのベネズエラも同じ。北朝鮮なんて11もの経済制裁を受けている。むしろ追いつめちゃいけないのに、と思う。

そんななか、国際的にクリミアを何とかしたいという人が集まって作られたクリミア友人会が作られた。私はそのメンバーになったのです。フランス、ドイツ、シリア、パレスチナ・・・30数か国が参加している。国際選挙管理人も務めた。

日本では、対ロシアという話になると、すぐに北方領土はどうするんだという話になってしまう。

北方領土の問題はたしかに重要だが、日ロ関係は北方領土だけじゃない。まずは日ロの関係を強化してきちんと平和条約を結ぶことが大事。それはどちらにとっても利益になるはずだ。

そして国連の敵国条項を削除する。すると日朝国交回復が可能になる。戦後のひずみのない状態に戻すってことが大事なのだ。

戦後の日ソ（日ロ）関係は北方領土がトゲのようになって進んでいない。そのトゲを仕掛けたのはアメリカで、そのために日ソ関係はなかなかうまくいかなかった。戦後政治の対米従属の流れを断ち切らなきゃいけないのである。

〈サンコー〉

観光客向けの静かなアベニューで、突然サンコーさんが気合を込めて銅像にケリを入れた。近づいてみると彼の宿敵ルーズベルト氏。もしかしたら観光客の米国人割合は意外に高いのかもしれない。

木村が連れてきた鳩山由紀夫

サンコーさんは2015年3月に鳩山由紀夫元総理を連れてクリミアに来ている。

このクリミア訪問は、ロシアによるクリミア併合（2014年）直後ということで、アメリカやEU各国が経済制裁を下すという真っ只中だったため、鳩山氏は日本中からバッシングの嵐に吹きのめされた。いやしくも元総理大臣を務めた人が、クリミア政府＝ロシア政府からの招待で入国するのだ。アメリカに追従する日本の公式的立場とは相いれない。実弟の鳩山邦夫でさえ、「兄は本物の宇宙人になった」と批判した。

このとき、激しいバッシングに晒されたのは、一人鳩山由紀夫だけではなかった。サンコー自身も、鳩山をクリミアに連れて行ったことで、右翼から総攻撃を受けた。なんと、サンコーの自宅にまで、街宣車が回され、「非国民木村三浩を許さないぞ！」とがなり立てられた。

サンコーが代表を務めている一水会は右翼であっても、日本の既成右翼とは一線を画すところがある。既成右翼が「親米・反共、嫌韓・嫌中」だとすれば、一水会が掲げているのは「対米自立」である。日本の右翼や一部保守の「対米従属」には警鐘を鳴らし、日本の自立を主張する。

実はレイニンも、鳩山由紀夫と10分程度、話をしたことがある。いかにも高級そうなスーツが体に馴染んでいて、こちらと話すときにも丁寧な言葉使い。何者でもない人間（＝レイニン）と話しているのに、上目線でなく、かつ慇懃無礼でもない。悠揚迫らぬ自然体。そのオーラに、育ちのよさとはこういうものか、と秘かにレイニンは舌を巻いた。　〈レイニン〉

さあ、いよいよ今日はヤルタ国際音楽祭だ。黒海沿岸の他の港からの旅客船の定期的な寄港地であるヤルタ。1838年に市となり、19世紀にはトルストイがこの保養地で夏を過ごし、チェーホフは1899年から数年間ここに住みついた。

港に面した広場につくられたステージ、PANTAがリハーサルで歌い始めると少しずつ人が集まり始める。

まだリハーサルだというのに、市制180周年の街はすでにお祭り気分。見知らぬ日本のアーティストにみんな興味津々だ。

市制180周年の音楽祭。入れ代わり立ち代わり、さまざまなタイプのアーティストがパフォーマンスを繰り広げる。ロシアの黒海艦隊のブラスバンドが出たかと思うと、バレエ「白鳥の湖」のような衣装の女性グループが優雅に踊る。

アイドルグループのような若い女性たちが可憐な歌声を響かせる。オペラのアリアを朗々と歌い上げる歌手も出る。一転、サーカスか組体操のように、曲芸を見せるグループが続く…。周辺の各地、共和国から一流が集まっている。

ヤルタ音楽祭

　港に設けられた特設ステージと凄まじい人の群れ、これがヤルタ市制180周年音楽祭か。

　ロシア黒海艦隊合唱団の歌う「トロイカ」に迎えられ、ステージサイドへ行くと、ふたりの男女の歌う「椿姫」は乾杯の歌、リビアーモ　リビアーモ♪

　と歌われると、そのクォリティーの高さに舌を巻くほどで、ステージサイドにてただの観客と化している自分がいた。

　出てくるロシア雑技団のようなパフォーマンスもすさまじく、出番を待つ彼女らを見つめる自分は東洋の変な男でしかないのだろうなｗ

　強い海風のなか、みんなしっかりと耳を傾けてくれ、演奏が終わると拍手と「スパシィーバ！」、そして数人の娘たちの「ありがとーっ」の日本語が叫ばれる。

　いわゆる欧米の音楽はさほどポピュラーでなく、ビートルズでさえもあまり通じない、そんななかヴェルディの「椿姫」とか、「トロイカ」が普通に歌われている。どこか時間が止まっているような錯覚に陥りそうだったのも確かだ。

　数日後のセバストポリで言われたのだが、ロックだというのでうるさい音楽を想像していたのだが、とても聴きやすく良かったと言われたこともあり、よし今度はぜひバンド編成のウルサイバージョン、いわゆるロックバンド編成でロシアを轟音で包んでみたいと思ったのはいうまでもない。　　　　　〈PANTA〉

日本から来た最も先鋭なロック歌手が歌います、というような紹介があり、PANTAが歌い始めた。

革命、進化、退化

　黒海からの荒くれた風に譜面台の歌詞カードが吹き飛ばされそうな中、MCなしに歌い始めた一曲目は、「R★E★D」。Revolution★Evolution★Devolution…。ギターのカッティングに緊張感があり、PANTAはいつになく注意深く歌詞を発声。丁寧に語り伝えるように歌っているようにみえた。

パレスチナからＳＯＳ
バグダッドからＳＯＳ
クリミアからのＳＯＳ
電波は消されてゆく

　1986年に発表されたアルバム『R★E★D』の表題曲だが、米ソ冷戦が沸点に達しようという時代、ソロアーティストとしての彼が当時のノー天気なバブルニッポンに鉄槌を食らわせた、忘れられない楽曲だ。

　もちろん聴衆は日本語の歌詞がわからないし、この歌い手が長い年月に刻んできた伝説を知るはずもない。しかし、彼らは静かに耳を傾けてPANTAの声を拾おうとする。

　その歌の意味するところを必死に感じ取ろうと努めているようにみえた。たった数秒のプレゼンスでクリミアの人たちは感じ取ったのかもしれない。このアーティストは大事なことをメッセージしようとしているのだと。

この夜のセットリスト
1. R★E★D
2. BACK IN THE FEDERATION
3. ナハトムジーク
4. 7月のムスターファ
5. 恋のバカンス
6. さようなら世界夫人よ

〈ヒトシ〉

仮設ステージなので、後ろを人々が通り過ぎるわけだが、ステージを半円に取り囲む鉄の手すりにもたれたり、その後ろを二重三重に取り巻く人々は、1000人は下らないのではないか。

105

恋のバカンス

　この日の白眉は、PANTAが「恋のバカンス」を歌った時だった。

　PANTAが歌い始めると、取り囲んだ人たちが一斉に一緒に歌いだした！

　ザ・ピーナッツの大ヒット「恋のバカンス」である(1963年発売。岩谷時子作詞・宮川泰作曲)。この曲はロシアで大流行し、今でもロシアの歌手は、アルバムを出すときなどに、好んでこれをカバーする。スタンダードとして定着しているのである。

　PANTAの張りのある声と硬質なギターに和して、澎湃と巻き起こる恋のバカンスの大合唱。「涙が出ちゃう」で大いに盛り上がった観客が、「ああ、恋の喜びに」と先走りそうになるのをPANTAが一拍押さえてから続けるのがロシアの旋律らしくおもしろい。

　アップテンポの曲が終わると、拍手と歓声が押し寄せた。「アリガト！」とひときわ高く声がかかった。振り向くとロシア娘3人組が、振り向いたレイニンに気がついて、また「アリガト！ アリガト！ アリガト！」の連呼。ここまで「アリガト！」という声は聞かなかった。そうか、日本から来た歌手がわざわざロシアの歌を歌ってくれて「アリガト！」なんだ。

　全曲を終えたPANTAが、日本でやるように使ったギターピックを観客に投げた。が、あまりにステージが広くて、観客まで届かない。なのでレイニンがそれを拾って、さらに観客に投げたが、やはり数メートル前にひらひらと落ちるだけ。しかたないので、ピックを拾って、すたすたとその3人娘に近づいて、手渡し。ニコニコ笑ってロシア娘「アリガト！」

〈レイニン〉

音楽祭の興奮は頂点に達し、踊り出すクリミアン・ビューティも。彼方に見えるレーニン像は何を思う。

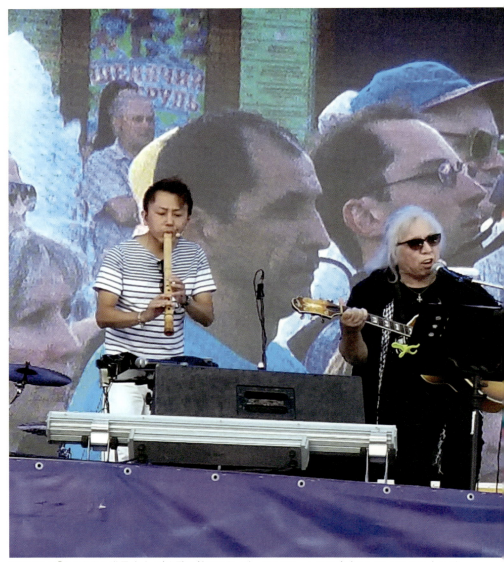

PANTAが「さようなら世界夫人よ」を歌い始めると、バックスクリーンには客席にいるヤルタの人々が大きく映し出された。

BACK IN THE FEDERATION

　Я люблю тебя
　ヤ リュブリュー チェビャー
　日本語でさえ、生まれてこのかた口にしたこともないこの愛してるという言葉の発音がいまだにうまく言えないが、とりあえず言わなきゃということで、BACK IN THE FEDERATIONに盛り込んでみた。
　ビートルズの曲だし、これは知られているだろうからと思っていたのだが、実はビートルズもあまり認知されていなくて、それでもロシアだったら、この歌はやらなきゃだろうということで用意していたのだが、ニコライからいまはUSSRではないですよと言われ、堅いこというなよと思いながら、じゃなんと言ったらいいのだと返すと、そうですね、フェデレーションですかねと言われ、歌になんねえよと思いながらもそれでいくことにw しかもウクライナ娘は、この状況の中、ちょっと忖度して、セバストポリ娘に変えたりもした。
　さて歌ってみると盛り込んだ歴代書記長なりの名前があまりウケないというか発音が悪くて通じなかったのか、せっかくハゲフサハゲフサの歴代トップを全部入れられたと思っていたのに、ちょっと残念だったな。そうだ、食事のときにそんな話をニコライとしていて、オレはゴルビーさんに日本の総理をやって欲しかったよと言うと、「そうしたら日本は早くに崩壊していたでしょうね」と返され爆笑した。そう、このロシアでのゴルバチョフ人気はまるっきりで、かわりにプーチンさんは想像以上に人気があるのに驚かされた。日本でもカレンダー売れ筋一番人気がプーチンだということで、これまたビックリのウラジミールな話だった…♪
　〈PANTA〉

ライヴ終了後、クリミアファンの自撮りにも快く応じるPANTA。

111

レーニン像

　ヤルタ音楽祭が行われた広場の山側には、巨大な銅像が立っていて、あたりを睥睨していた。鋭い目つきにハゲ頭……と言えば、わかる人もいるだろうか？ そう、レーニンの像だ。えっ、レーニン像は1991年のソ連崩壊の時に引きづり倒されたんじゃないの？ そう思っている日本人は多いだろう。私もそう思っていた。また、私事で恐縮だが、私の名前は礼仁と書いて"レイニン"と読む。父がつけてくれた本名である。れっきとした日本人だ。なので、今度の旅で、「レイニン」と名乗るとどういう反応があるのだろうか、と半ば心配、半ば面白がっていた。でも、スペルも違うし、私の心配は杞憂に終わった。

　終わったどころか、ヤルタの港湾沿いの、人々で賑わう広場の一番目立つところには、堂々とレーニン像が鎮座ましましているのである。私たちが記念写真を撮ったのはもちろんであるが、ロシア人（たぶん）の家族連れや子供たちも、像をバックに写真に納まっていた。

　レーニンの像は後日、他でも見た。モスクワで乗った地下鉄の構内に、それはあった。通訳をしてくれたニコライに聞いてみると、

「レーニンの銅像はいろんなところに残ってますよ。大きな都市だと、レーニン通りという名前の通りがあります」

　旅の最終日にはモスクワ・赤の広場のレーニン廟に行ってみた。保存処理（エンバーミング）されたレーニンの遺体が安置されているところだ。10時の開館時間より40分くらい前についたが、すでに長蛇の列ができていた。

〈レイニン〉

あたりを睥睨するレーニン像の前で記念撮影する「反戦放浪」のコンビ（笑）。ちなみに「睥睨」とは「へいげい」と読み、「にらみつけて勢いを示すこと」の意（by デジタル大辞泉／小学館）。

コクスイ会

インツーリストホテルは、地階に降りトンネルを抜けるだけでターコイズの海が広がっている。

そこにずぶずぶと浸り、蹴って泳ぎ出す。塩気は少し薄い。ひと掻きするともう足がつかない。

堤防で細切れにされたプライベートビーチの波は、そのたびに大きく砂を抉りながら引くので足下から急に深くなっている。

堤防の近くにも離岸流が潜んでいるかも知れないので、沖に流されぬよう気をつける。地元の三浦ほど豪快に泳ぎ回る訳にはいかないものの、遂に黒海で泳ぐという蛮行を成し遂げる。

その夜、一水会に対抗してコクスイ会というものを立ち上げることになった。最初の朝に小生が黒海で泳いだことにレイニンと木村氏が触発されたか、街のスーパーで海パンを探して買ったのだ。そこで発足したのが「黒海で水泳する会・黒水会」だ。

「黒ならアナキストも来そうだな」と木村氏が苦笑するが、小生はそれを狙っての命名だったのでニヤリとする。

ただし「ヤクザの国粋会に攻撃された時は一水会さん助けてくださいな」。

〈スエナガ〉

「ヤルタ」の語源は「岸辺」だとか。相模湾の岸辺で少年時代のスエナガは海賊になりたいと夢見たらしいが、この黒海に舟を出せば、対岸はイスタンブール。さらにはオデッサにだって、ブルガリアの港にだって攻め込めるんだ。

黒海遊泳

　スエナガさんが黒海で泳いだというので、スーパーで海パンを探して購入、翌朝、早起きをして海へ。

　ホテルのプライベートビーチだが、体を焼くロシア人であふれかえっていた。

　ビーチは明るく、熱く、海がキラキラしている。ただ、わが故郷佐渡の日本海側・相川の海よりも色が濃い。黒海と言われる所以か。波の周期も短い。

　砂浜は、チェアに体を伸ばして陽を浴びる人たちでいっぱいだ。中に一人、ビキニの水着の上を取って裸の背中をむき出しに寝そべる美人を見つけた。ビーチの全景を撮るふりをして、シャッターを切る。

　「コクスイカイとは俺たちのことだ！」と気どる。

　スエナガに携帯を預け、泳ぐ姿を撮ってもらうことに。もしここで溺れ死んでも、レベル３（渡航中止勧告）に勝手に入って泳いだ自己責任と、日本政府は無視するだけかな……などと考えながら、じゃぶじゃぶと入っていくと、海は数メートルでもう背が立たなくなった。ゆっくり平泳ぎで出てみる。

　15メートルくらい先には、そこより先は危ない、行くなという表示の赤い浮き輪がプカプカしている。でも、この海の深さと波の大きさでは、とてもそこまでたどり着けない。帰りはクロールで帰ってきた。体が重い。激しい疲れ。来年が古稀だから仕方がないか。　　　〈レイニン〉

レストランの屋上庭園で催された各連邦の代表者たちの懇親会で、すぐ脇の黒海の上空に打ち上げ花火。思わず砲撃かと思うほどの音でビックリ。いわゆる西欧的なつまらない花火とは違って、日本の花火師がお膳立てしたものらしい♪

ヤルタでの大仕事を無事終えて、もうひとつのライヴ予定地セバストポリへ。ここはロシア黒海艦隊本拠地として歴史に名高い場所だ。日本を代表して乗り込んだミュージシャンを、地元の取材陣たちが待ち構えている。

確かに、この街は落ち着いた印象だ。180周年で大賑わいだったヤルタとは通りを歩く人びとの表情も違う。

レストランでいただいたランチ。毎日似たようなメニューで、おそらくこれがクリミア料理のスタンダードなのだろう。

軍港セバストポリ

セバストポリ。黒海艦隊の本拠地であるというこの地名だけは、昔から知っていた。大型船の入る港町には急な坂が多い。軍港の街としては、小生の地元に近いのが横須賀だが、半島状になった街を小一時間で一周したところ、ここはもう少し広く、広島の呉よりも一回り大きい印象だ。

港から軍艦が大急ぎで出ていく様は横須賀によく似ている。しかし至る所に基地や軍服の目立つ日本の各軍都に比べ、圧倒的に軍の影は薄く、並んだ白い壁が洒落ている。

午後はクリミア戦争を描いたジオラマをぜひ見ろと、一同、サンコーさんに連れられて戦争博物館に向かう。

ドーム状の建物の内壁360度には、セバストポリを攻略する英仏軍の兵が遠景に、その手前には傷つくロシア兵が描かれている。

観客に最も近いところには実物に近い大きさの大砲や塹壕などの陣地が映画のセットのように再現されている。

その立体感は、見ているうちにセットと背景画の境界がわからなくなっていくほどに精巧だ。

手前のホコリだらけの応急所で血塗れになった兵たちからは、劣悪な環境下で危険に曝される者たちの無念が伝わって来る。

クリミア戦争でのナイチンゲールの存在は、ロシアではほとんど知られていないものの、多くの市民が看護や後方支援に動員されたという位置付けは共通のようだ。

そう、兵器が近代化するほど戦争は軍隊だけのものではなく、市民をも大きく巻き込んでいく。　　　〈スエナガ〉

メモリアル・オブ・ヒロイック・ディフェンス。1941年から42年にかけてドイツとの攻防戦で戦った「セバストポリの戦い」。英雄たちの名が刻まれているのだろう。

戦争博物館

　ヤルタからの悪路をメルセデスのトランスポーターが快適に運んでくれて到着したのはロシア黒海艦隊本拠地であるセバストポリ…♪

　庁舎を出て連れていかれたのはクリミア戦争のジオラマがある博物館。想像していたより遥かにスケールが大きく、5階建ての建物の一番上にプラネタリウムのようなドームがあるものと思ってもらえればいいが、360度の巨大なジオラマと背景画の境目がわからないので目眩がしそうにリアルである。側方からのフランス軍の攻撃、射程4kmの砲撃、セバストポリ防衛軍の奮戦、解説を聞きながら勉強不足を痛感した。

　靖国神社の遊就館は、ここは北朝鮮かと思うくらい気色悪いほどに日本を美化したアナウンスが流れるが、ここセバストポリでは事実のみを正確にガイドされる。フランス軍の侵入経路はあそこから、セバストポリ防衛隊はここを死守したとか、かなり正確なジオラマが配置され遠くの絵との境界線がわからないのでどこまでも広がるリアルな戦場だった。

　ちょっと遊就館に触れると、西郷さんとか新撰組とか、国を憂いて死んでいった志士たちを「朝敵」の一言で悪者扱いというか無視して名前も出さない遊就館なんてちゃんちゃらおかしいわい。

　このクリミア戦争の代名詞ともいうべきナイチンゲールは白衣の天使として日本でも有名だが、ここクリミアでは知られていない。そう自分たちが思っているクリミア戦争は何度目かの戦争で、何度もあった戦争のなかのひとつの戦いに過ぎなかったほど、クリミアは常に戦場だったのだ。

　いまここはウクライナからロシアが併

合し、微妙な関係の下にある。

　かつては、ロシアからクリミアを手に入れんとするトルコ、それを自国の利益のために支援する英仏、近くは、ナチスドイツとの攻防戦がここで繰り広げられた。

　ソ連に侵攻したドイツ軍は、クリミアからのソ連爆撃機を抑えねばならず、ソ連黒海艦隊の根拠地であるセバストポリの攻略に取り掛からねばならなかった。通称"グスタフ"と呼ばれる80cm列車砲まで繰り出し、1942年7月3日、当時でも屈指の要塞とされたセバストポリ要塞は陥落する。その後、クルスクの戦いから攻勢にまわったソ連は44年5月13日にセバストポリを奪還した。

　余談だが、このクリミア戦争の長い歴史を聞いているなかで、ふと引っ掛かった地名があった。バルカン半島の小さい川「マリッツァ川」だ。ブルガリアの首都ソフィアに流れる川の名前だが、シルヴィー・バルタンの歌った「思い出のマリッツァ〜

La Maritza」は好きでよく歌っていたので、そうかマリッツァ川はブルガリアだったのか、そういえばシルヴィーはブルガリア出身だった、と胸の高まりをバレないようにしながら小さなハミングでひとり盛り上がっていたのだったw

マリッツァ川は私の川
セーヌ川があなたの川であるように
けれど今その川を
時々思い出しているのは
わたしの父だけである

わたしの10歳までのものは
わたしには何も残っていない
粗末な人形さえ残っていない
昔の歌のわずかな繰り返しの他には

（思い出のマリッツァ）

〈PANTA〉

1853-56年のクリミア戦争における英仏軍とロシア軍の戦いが、360度のパノラマ、近景の模型と遠景の絵画によってリアルに再現されている。

127

黒海の要衝セバストポリをめぐる列強国の戦いはその後も繰り返され、20世紀においてもナチスドイツの侵攻によって多くの人命が失われた。

ナイチンゲールと正露丸

　戦争博物館のジオラマ、このリアルな描写力は半端ない。かなりの年月を要したであろう仕事ぶりを想像すると畏敬の念がわき上がる。ひとり感嘆していると、向こうでPANTAがニコライに「どこかにナイチンゲールは描かれてないの」と訊いている。

「いいえ」とニコライが笑う。「だって、彼女はイギリス軍の看護婦ですよ。ロシアではまったく無名です」

　PANTAには「ナイチンゲール」という楽曲がある。クリミア戦争のことを歌った曲でも、どこかの看護師との情事を歌った曲でもない。おまけに末永賢には『ナイチンゲーロ』という監督作品がある。タイトルを聞いただけで怖ろしくなる。

　サンコーさんが補足してくれた。
「ウクライナやロシアでも、ナイチンゲールは無名な存在なんだよ」
「えっ、そうなの」

　なぜなら、フローレンス・ナイチンゲールはイギリス人である。日本では「白衣の天使」的なイメージで知られ、子供のころは誰しも伝記や絵本で読んだことがあるだろう。

　思えば、その伝記に出ていた「クリミア戦争」が、「クリミア」という地名との初対面だったかもしれない。そして、ナイチンゲールといえば、あの正露丸と並んでクスリ箱に常備されていたメンソレータム、何度もお世話になったあのパッケージの肖像じゃないか。

　そんな、日本から見たら「世界の偉人」ナイチンゲールだが、そもそもクリミア戦争はロシアが英仏たちと戦った戦争だ。彼女は敵国の兵士を看護した「天使」だったわけで、クリミアやロシアの立場からすると、「偉人」でも「天使」でも何でもないということなのだ。

〈ヒトシ〉

レイニンによれば、ピョンヤンの戦争記念館にも、朝鮮戦争の一番激しかった場所を描いたみごとな360度パノラマがある。いったいどこまでがフィギュアで、どこからが絵なのか、まったく区別がつかない。

PANTAと日の丸

そもそも一水会の木村三浩(サンコーさん)がPANTAを誘うこと自体が、事情を知らない人にとってはおかしなことだった。

PANTAは1969年にデビューした頭脳警察の当時から、徹底的な反体制・反権力を標榜するバンドだった。空港反対運動が盛んだった三里塚でも歌い、新左翼の党派の政治集会で演奏をしたこともある。

ただ、そういう恐そうなパブリックイメージと違って、PANTA自身は穏やかな性格で、一滴も酒を飲まず、人当たりがいい。右翼とも話はする。サンコーさんが組織したイラク訪問団にもPANTAは参加している。そんなわけで、旧知の間柄ではあったが、PANTAを呼びたいという打診をレイニンに問い合わせたとき、サンコーさんはこういう提案をしていた。

「演奏するときに、バックに日の丸を出してもいいですか」

レイニンは考えた。

「日の丸だけじゃダメでしょう。クリミアの旗と日の丸が飾られているんなら、両方の友好関係の樹立には反対しないから、いいと思いますけど」

サンコーさん「わかりました。そうしましょう」

実はこのやり取り、既視感があった。2003年2月、アメリカのイラク攻撃が今にも勃発しようかという時期にサンコーさんが募ったイラク訪問団の話だ。そのときは40名近くが応募した。左翼の塩見孝也元赤軍派議長(故人)、鈴木邦男、竹田恒泰、大川豊、雨宮処凛、PANTA、平野

「PANTAさんこそ日本の真の愛国者ですよ、是非、このコスプレでステージへ!」「おいおい、勘弁してくれ〜」

悠、レイニンらが参加したわけだが、結団式でちょっとしたトラブルが発生した。

バグダッドで予定されているピースウォーク（デモ）で、自分たちの存在をアピールするため横断幕を作ろうと話が一致したとき、サンコーさんが塩見に尋ねた。

「横断幕に日本と書くのは、塩見さん、いいですよね？」

そこまで、会議はイラク経験の豊富なサンコーさんの独壇場だったから、塩見への質問は唐突だった。

「なんで俺に聞くんや！日本から来たんだから日本と書くのは当たり前やないか」と、いつもの大声で塩見が答えると、

「日の丸を描くのはどうなんです？」とサンコーさんが畳みかけた。

塩見は一瞬沈黙した。その間隙を縫うように、塩見の隣に座っていた塩見班のNがやおら口を開いた。

「日の丸は嫌だ」

「フム、そうですか、困った人たちだな」と、サンコーさんはつぶやくように言うと、それ以上の言及を避けた。

後日、塩見はこんなことを言っている。「今回はさぁ、俺らは戦争反対・現地視察の一点で一致していく。日の丸と天皇制を踏み絵にしないことを、サンコーさんとは確認しているから安心してくれ。一水会は反米の右翼だから、反米を一致点として、右と左が結びつき、市民が参加してくれば、新たな潮流が作れるはずなんや」

今回もPANTAは、未知の世界に行けるという好奇心が先に立って、クリミアの複雑な政治状況は顧みず、もし俺がいくことが問題になるならしてくれ、上等じゃないか！という気持ちだったのだろう。

〈レイニン〉

今夜のライヴはこの会場で。まるでチェーホフの『かもめ』でも上演するための劇場じゃないか。いや、ブレヒトの『三文オペラ』かな。

重厚な劇場

　セバストポリ、その夜のライヴは市の芸術センターで行われた。ヤルタの海に面した特設ステージとは対照的で、2階席まである収容500人程の重厚な劇場だ。

　客入れ前の舞台の中央で百人一首をひとつ詠んでみたが、音の跳返りが心地良い。

　18時半の開場時間には観客はまばらだったが、開演間際には満員に達した。

　いつものようにき乃はちの尺八で大いに湧いたあとにPANTA登場。曲の簡単な説明が通訳・ニコライ氏によって語られてから演奏が始まるが、劇場の空気を察した選曲か、ブレヒトからスタート。そして『クリスタルナハト』の2曲へ。「7月のムスターファ」に聴き入っていた傷痍軍人らしきご年輩と、「ケサラ」の歌詞を後追いしながらくちずさみ涙する若い娘が印象的。

　あの「カチューシャ」をき乃はち、竹内純と演奏し、客席を大いに盛り上げたあと、ラストの「さよなら世界夫人よ／尺八バージョン」では本物のスタンディングオベーションが満場に巻き起った。ライヴ最終日に大成功と一同を嬉気が包む。

この夜のセットリスト
1. 赤軍兵士の詩
2. メール・ド・グラス
3. ナハトムジーク
4. 7月のムスターファ
5. ケサラ
6. BACK IN THE FEDERATION
7. 恋のバカンス
8. カチューシャ（インスト）
9. さようなら世界夫人よ

〈スエナガ〉

開演前、舞台のスクリーンには尺八奏者き乃はちのビジュアルイメージ画像。

ブレヒト「赤軍兵士の詩」で始まったセバストポリ公演、「クリスタルナハト」からの楽曲も披露された。

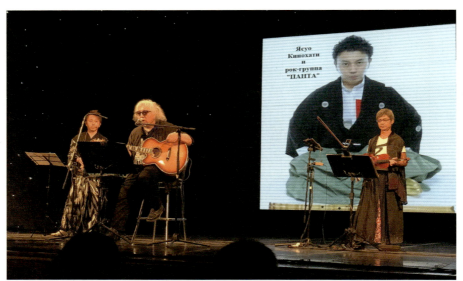

「私の故郷／どうなる／私の人生／どうなる」と歌う「ケサラ」は、この地でもよく知られているスタンダードナンバー。そして、ヘッセの「さようなら世界夫人よ」。第2次世界大戦の後で、「屍のようになりながらも生きていく」と歌い上げる。

ヘッセに感謝

いよいよクリミアでのラストライヴになってしまった。小学生の頃、思い描いたクリミア、世界史と大戦ゲームの中でしか知らなかったここセバストポリで、まさかライヴをやることになろうとは、そしてこんなに温かく熱烈な歓迎を受けようとはつゆにも思っていなかった♪

会場に来て驚いたのは、まさかのこんな立派な劇場なのに、似合うわけないでしょと自分で突っ込みを入れたくなるくらい素晴らしい劇場だ。ここでこういう歌はいいのだろうかとなどと考えているうちに、本番を前にして、楽屋にて美女たちの取材攻勢を楽しませてもらう。

しかしよく勉強して来ているし、取材対象である自分を不快にさせることなど一切なく、それじゃロシアに惚れてまうやろなという会話のやり取りが続いた。

ブレヒトの「赤軍兵士の詩」、「7月のムスターファ」の説明も、ヒトシとレイニンから通訳のニコライを通してしっかりと歌を伝えることが出来た。

スゴく映像が良かったらしいバックスクリーン。そして、き乃はちの尺八で始まる「さようなら世界夫人よ」は前述したように、こちらでは「地球にさよなら」というヘッセの詩として広く知られており、それはそれは客席も真剣に聴き入ってくれ、涙さえ拭ってくれるご婦人たちも見受けられた。17歳で出会って曲をつけさせてもらったヘルマン・ヘッセさんに改めて感謝を叫びたい気持ちでいっぱいだった‥♪

〈PANTA〉

地元の取材陣たちは、PANTAがナチスのユダヤ虐殺をテーマにした『クリスタルナハト』を製作していること、スコセッシ映画に出演していることなど、よく予習してきていた。

セバストポリでの取材

　セバストポリの庁舎では副知事、そして上院議員さんらと懇談。私だけでなく、PANTAさんもスピーチ。その模様はさっそくその夜のTV、NetNewsで流されていた。

　その取材記者たちは、劇場でのライヴ本番前にもPANTAさんの楽屋に押しかけてきた。シャラポアなみに体が大きくブロンドの女性たちで、仕事ができそうな人が多い。

　PANTAさんは、来訪の目的を聞くインタビュワーに「戦争よりも強いものがある。それは音楽だ」など、うまいことを言っている。

　こんな直球な質問もあった。
「日本の外務省の渡航中止勧告が出ているところに来るのは、怖くなかったですか？」

　これに対してPANTAさん、「日本の外務省はアメリカの立場の中にいるだけ。日本の意思じゃない。ウクライナとクリミアの間には、われわれ東洋人は入りこめないけど、音楽で友好関係が築ければ嬉しい」と、さすがに長いこと取材を受けてるだけのことはある。
「他のロックバンドとあなたの違いはどこにありますか？」
「日本は音楽ひとつとっても、まだアメリカに占領されている。ロックは反逆心が命だと思う。正邪の判断は別にして、不自由な国だ。大きな声を上げられない人々に成り代わって、物を言う態度は貫きたい」

　また、彼女たちは事前によく日本と

143

セバストポリ副知事との面会。副知事は"ロシアと日本は歴史上さまざまな困難を経験していますが、にもかかわらずロシア人は日本の人びとを尊敬しています"。

PANTAさんのことを勉強して来ていた。

「俳優としてマーティン・スコセッシ監督の映画『沈黙』に出られていますね?」

「スコセッシ監督が『ザ・ローリング・ストーンズ／シャイン・ア・ライト』を撮った後オファーがあった。ロケ地は台湾でした。8年越しにやっと実現した作品です」

遠藤周作の小説が原作のアメリカ、ハリウッド映画だが、私も見た。すばらしい映画はどこの国で作られても、やはりすばらしい。

通訳のニコライとアメリカについて話したことがあるが、彼もアメリカの文化を否定しているわけではない。

「アメリカは新冷戦体制をしこうとか、政治的な姿勢は好きではありません。ただ、ディズニー映画など、文化的ないい面は取り入れています。文化閉鎖をしているわけではありません。日本の宮崎駿だっ

て、ロシアでは大人気です」

やはり文化に国境はないということである。

さて、ブロンドの取材陣に戻ろう。おそらく冷戦後、ソ連がなくなった後に生まれたであろう彼女たちからこんな質問も出ていた。

「60年代の日本の学生運動の雰囲気はどんなでした?」

PANTAさんが頭脳警察としてデビューした60年代日本の時代背景について関心を持っているようだった。

「すさまじかった。日本を前進基地にして、米軍がベトナムに飛ぶことが許せなかった」とPANTAさんははっきり答えた。

「日本はアメリカに土地も魂も売ってしまった」。

〈サンコー〉

副知事との面会は、それ自体が報道カメラに囲まれながらのものになった。PANTAは、"自分はミュージシャンとして、音楽という武器で、世界を平和へと前進させていきたい"と語った。

"一水会は反米、反グローバリズムの立場で活動する組織であり、その代表である木村はこう語った"
"私たちグループは日本政府当局の公式の立場には反しているが、私たちは人道的、文化的立場から、日本とロシア、クリミアの友好関係のためにあらゆる努力をします"

アウディの運転手

　セバストポリでの公演が終わった夜、僕はフライトの都合で独りシンフェローポリまで移動する必要があった。明日早朝にモスクワまで飛ぶ。夕方にはPANTAたちと合流するのだが、同じ便がとれなかったのである。22時半、クリミア政府が用意してくれたクルマはメルセデストランスポーターでなく、アウディだった。驚いた。クルマと言ったらフィアットとミニ以外は興味のないヒトシであるが、アウディの名前だけはよく知っている。もちろん40年前、PANTA ＆ HALの名曲「Audi 80」でおぼえた。

　真夜中のハイウェイをアウディは猛烈なスピードで走った。ミシュランは悲鳴を上げている。ビー・ケアフル！とドライバーに懇願したが、通じないのかすっとぼけている。130キロから140キロ出てただろうか、でも怖いのは速さだけじゃなく道路の設計の危なさ。片側一車線しかなく中央分離帯も見えないから、向こうから来る対向車といちいち激突しそうな繰り返し。これで死ぬのも「自己責任」か。そりゃあ黒海で溺れ死ぬよりアウディで死ぬほうがマシかもしれないが。

　40年前「Audi 80」を聴いて、歌詞のバックボーンにあるドイツのシュライヤー事件のことを知りたくなり、本棚にあった「現代用語の基礎知識」を開いた。ほかのナンバーでも、PANTAの歌詞にはイミ深な新語、時事語が盛り込まれていて、ページを捲って読み込んでいくうちに、いつしかこの千数百頁の分厚い年刊雑誌に夢中になってしまった。そしてまさか20年後にその編集長におさまることになろうとは。

　そんなこんなで、アウディ激突上等なのだ。人生の半分以上で「現代用語の基礎知識」の本づくりに携わったが、それ以上にPANTAを聴いてきた。葬式のときに

は「夜と霧の中で」を流してもらおうか、それとも「Again & Again」かな。

　願わくばこのクリミアツアーがソングライターPANTAにとって意義を残す旅でありますように。ここからさらに新たな楽曲たちを生み出してほしい。

　スエナガさんにはこの旅行で撮った映像を空港で没収されることなく無事に持ち帰り、PANTA（頭脳警察）のドキュメンタリー映画を最後まで完成させてほしい。公開は2020年夏のはずだ。

　レイニンさんには、何といっても連合赤軍事件の記録を正確に歴史に残す仕事を全うしてほしい。彼らがやったことは何から何まで間違っていたなんて結論で済まされないように。

　そして一水会のサンコーさん。「愛国者に気をつけろ」とは鈴木邦男さんの名言だが、僕は右翼とか左翼をわざわざ自称する人にも気をつけている。しかし右翼のサンコーさんがこのクリミアの人たちと連帯しようとしている姿勢にウソがないことはよく分かった。

　この地の人たちはどんな気持ちで暮らしているのだろう。1週間くらいの滞在でそんなことがわかるはずはない。通訳のニコライはプーチンを絶賛してゴルビーをディスっていたが、ポーカーフェイスの彼とその真意がわかるほどの話ができたとも思えない。

　猛烈な運転で走り始めて1時間余、アウディのドライバーもさすがに口をきいてくれるようになっていた。「フロムジャパン？」に対して「アーユークリミアン？」と返したものの、なんと答えてくれたのかヒアリングできなかった。「ドゥーユーライクプーチン？」と訊いてみると、笑いながら「ライクトランプ？」。通じているのかいないのかこの会話。それでも微かな感触にうれしいものを感じたとき、闇の向こうにシンフェローポリの空港が見えてきた。日付は8月14日に変わっていた。

〈ヒトシ〉

8月15日

セバストポリからトランスポーターはハイスピードで飛ばし、シンフェローポリへ。そして空港から帰路、モスクワ・ドモジェドボ空港へ…。

アエロフロートの悪評のせいか天国のようなS7-A320、空港近くのエアホテルにチェックインすれば、レイニンたちは素早くメトロで「赤の広場」へ…♪

さあ明日はいよいよ日本への帰郷……。

ヤルタにて知られざる話も聴き、それに驚きながら、いま8月15日の敗戦記念日にモスクワから改めて、第二次世界大戦の終結を思い巡らせる。

ヤルタ会談においてルーズベルトは、躊躇するスターリンを対日参戦へと急き立て、分け前としてシベリア、そして課題の北方四島の領有を認め、自分は興味がないので決まったものにサインすると言って別室に別れたチャーチルを差し置いてスターリンに対日参戦を約束させる……。

モスクワから、この敗戦の日に記せば、出来るものなら、日米安保体制を破棄し、日米和親条約、日米修好通商条約まで遡り、新たに対等な日米友好条約を結びたいものだと願う。そのときは、もちろんロシアとも友好条約を結んだ上での話だが、アメリカはそれは許さないだろう、まだまだ被占領国家日本の戦後は終わらない……。

〈PANTA〉

ロシア土産

ロシアの土産といえば、かつては猫も杓子もマトリョーシカだった。普通のマトリョーシカは、例えば一番外側がロシア娘だったら、開けるたびに、同じロシア娘がどんどん小さくなっていくだけ。赤の広場の屋台で見つけたマトリョーシカは、一番外側がレーニン、次がスターリン、その次がフルシチョフと、歴代の政治リーダーがどんどん出てくる。変わり種マトリョーシカ。あなたは何人、覚えてますか？ 最後の豆粒みたいなののひとつ前がプーチン。

屋台や土産物屋では人の顔がプリントされたTシャツを売っていた。そのうち半分以上はレーニンだった。残りの半分がプーチン。そしてスターリンとフルシチョフが少しずつ。スターリンがあったのには驚いた。ニコライに訊くと、

「スターリンがドイツ軍を押し返さなかったら、ロシアという国はなくなっていたかもしれません。ロシア人は強さに憧れるので、根強い人気があります。もちろん、国としては否定しています」。

もう一つ、聞きたくなった。
「トロッキーはどうですか？」
「大学の人でないと、トロッキーの名前は知りませんね」

なぜ、フルシチョフとプーチンなのか、わからない。フルシチョフとはスターリンの死後、ソ連の指導者となり、初めてスターリンを独裁者として批判をして、世界中、とりわけ社会主義陣営の国々を驚かせた人物である。

Tシャツは1枚900ルーブルだったが、3枚で2300ルーブルに値切った。

〈レイニン〉

さまざまなマトリョーシカが並んでいたが、この政治トップの人形はいちばん高価で、値切るに値切って4500を3000ルーブル（5000円）でゲットした。

153

「ねえ彼女、ロシアンルーレットで遊ばない？」レイニンの獲物を見極める眼力はマサイ族に勝るとホトホト感心する。ここ赤の広場でもその眼力は鈍ることはなく、的確に臀部に照準を合わせ光軸と距離を見定めるのは彼の思想性とは無関係の習慣性である♪「こらこらレイニンさん、ここは赤の広場だよ粛清されちゃうよ」「男と女はどこに行ってもインターナショナルなんですね」

モスクワの街でも残っていたレーニン像。ボリショイ劇場の向かいの広場にはカール・マルクスの銅像が。ソ連が崩壊したときの報道で民衆はレーニン像を倒していたが、もしかしてあの映像もプロパガンダだったのか!?

あとがき

　一水会の木村三浩より誘われ、バグダッドに続き、クリミアに行くハメになるとは思いもよらなかった。折しもウクライナ情勢の微妙な政治的駆け引きの中、外務省より渡航警告レベル3の中、何かあれば「自己責任」と集中砲火を浴びる覚悟はしていた。

　思えば、ロシアがウクライナへ侵攻した折り(2014年)、Daniel Vidalのヒット曲「Aime ceux qui t'aiment」(あなたの愛する人を愛しなさい)の歌詞をFacebookにあげたことを思い出す。歌の内容は、ウクライナのことわざを引用し、去っていった青年を追うウクライナの少女の歌になっているのだが、今回のクリミア行きは、ロシア側からの招待であり、ウクライナという言葉を出すこともはばかられるところ、自分たちが土地と民族紛争に介入する理由も余地もないということで、この歌をメニューに入れることもなかった。けれど、この島国との密接な会話の糸口をつかめたような気がして嬉しかった。

ウクライナ平原では
人々は家の灰色の壁に
自ら進んで
ことわざを書きつけている

一度たりとも友として
この門を通る者あらば
いのちある限り友として
いつでも戻って来られよう

あなたを愛する人たちを愛しなさい
たとえ心の痛みが
「愛している」の言葉の上に

雨を降らせても
あなたがそれを望んだとしても

あなたを愛する人たちを愛しなさい
あなたが蒔いた愛は
必ずあなたに返って来るもの‥

（あなたの愛する人を愛しなさい）

　帰国後、ロシア大使館を通して、喜びと感謝が伝えられ、いつかまた彼の地を踏めたらいいなと思っている今日この頃、今度はウラジオストクなどまわり、シベリア鉄道に乗り、モスクワ経由でパリまで行ってみたいものだ。

　と言っている矢先に、木村三浩から「次はベオグラードでライヴをやりませんか」という話がきて、スタッフが慌てふためいてる平成から令和にチェンジする某日であった‥　　　　　　　〈PANTA〉

PANTAと仲間たち
ヤルタ★クリミア探訪記

2019年12月31日　初版第1刷発行

文／写真＝PANTA（頭脳警察）
　　　　　椎野礼仁
　　　　　木村三浩
　　　　　末永 賢
　　　　　シミズヒトシ

発行人＝椎野礼仁　　　　　　　　　イラストレーション＝藤原有記
発行所＝ハモニカブックス　　　　　　　デザイン＝yamasin(g)
〒169-0075
東京都新宿区高田馬場2-11-3-202　　　　製作協力＝前田丈仁
TEL 03-6273-8399　　　　　　　　　　　　き乃はち
FAX 03-5291-7760　　　　　　　　　　　　竹内 純
http://www.hamonicabooks.com/　　　　　晴山生菜
印刷・製本＝株式会社アポロ社　　　　　　田原章雄

落丁・乱丁本はお取り替えいたします。
© Pantax World, Hamonicabooks 2019 Printed in Japan.